·民进党研究丛书·

民进党政商关系研究

王建民　著

九州出版社
·北京·

图书在版编目(C I P)数据

民进党政商关系研究/王建民著.—北京:九州出版社,2004.1
(民进党研究丛书)
ISBN 7-80195-017-8

Ⅰ.民... Ⅱ.王... Ⅲ.民进党-关系-地区经济-研究-台湾省 Ⅳ.D675.874

中国版本图书馆 CIP 数据核字(2003)第 119006 号

民进党政商关系研究

作　　者/王建民　著

出　　版/九州出版社
出 版 人/徐尚定
地　　址/北京海淀万寿寺甲 4 号　　电　　话/68706018
邮政编码/100081
电子信箱/jiuzhoupress@vip.sina.com

总 经 销/九州出版社发行部
经　　销/各地书店
法律顾问/北京法大律师事务所
印　　刷/北京毕诚彩印厂

开　　本/880×1230　毫米　　1/32 开
印　　张/7.25
字　　数/165 千字
版　　次/2004 年 1 月第 1 版
印　　次/2004 年 1 月第 1 次印刷
书　　号/ISBN 7-80195-017-8/D·104
定　　价/25.00 元

民进党研究丛书出版说明

2000年3月，台湾地区领导人换届选举，民进党候选人陈水扁以微弱优势当选，并于5月20日上台执政。在党纲中明确主张“台独”的民进党上台与在台湾统治50余年的国民党下台，标志着台湾政治生态发生了历史性的深刻变化。毫无疑问，这一变化也为两岸关系发展和中国和平统一投下重大变数。

近4年来，民进党当局的政策走向、执政状况如何？两岸关系深陷僵局、持续紧张的症结在哪里？有利于两岸同胞切身利益、有利于两岸经济发展的“三通”为何一波三折、阻碍重重？陈水扁及民进党当局究竟应何去何从？这些现象和问题，理所当然地引起海内外众多关心台湾问题的人士与学者的观察、思考和研究。

这套丛书共8册，多方位、多角度地透视了民进党的历史发展、组织派系、社会基础、意识形态、选举策略等，尤其是近4年来，其大陆政策对两岸关系的影响、执政状况对台湾社会的影响等，集中展示了大陆学者的研究成果。当然，由于占有资料、观察视角、研究方法等方面各有不同，因而每位学者的看法与结论均为一家之言。出版这套丛书的初衷在于为关心台湾问题的读者、学者提供学术参考。

九州出版社

2003年12月

前　言

政商关系就是政治权力与商业利益的关系，是金权政治的重要表现。

台湾金权政治在李登辉执政后变得十分严重，并因有黑道势力介入权力体系而被称为“黑金政治”。在野的民进党高举“反黑金”大旗，猛烈抨击国民党官商勾结与政治腐败，终于让人民抛弃了国民党，实现了政党轮替。国民党失去政权的原因是多方面的，但“黑金政治”是其重要因素则是不可否认的。

民进党执政后，逐渐扬弃过去的“反商情结”，积极改善与工商界的关系，迅速建立起新的政商关系，形成所谓的“白金政治”。“白金政治”是继“黑金政治”之后台湾政商关系发展的新现象、新名词。“白金政治”“意味着政商势力相互串连，借着表面合法的投资、捐赠等手段建立起来的一个牢固的金权政治王国”[①]。“白金政治”现象的出现，标志着民进党很快走上了国民党昔日金权政治与政治腐败的老路，走向了民进党长期追求清廉政治的反面。

（一）

民进党执政前，虽然标榜反对政商勾结与“黑金政治”，但也在幕后积极争取工商界的支持，并已建立了初步的政商关系。一是

① 台湾《联合报》，2002 年 6 月 26 日

民进党与政治理念相同或相近的企业或企业集团长期相互合作与支持,形成紧密的政商关系。二是面对民进党政治势力的迅速上升与在地方的逐渐执政,部分企业或企业集团为避免利益受损,在支持执政党的同时,也在幕后开始与民进党建立关系,提供金钱支持,形成政商合作关系。三是民进党上层人物与许多企业界人士因私人友谊或朋友关系形成一种友情型的政商关系。四是民进党以中小企业代言人自居,因此获得许多中小企业的支持,与中小企业建立起广泛的政商合作关系。可以说,在野时期的民进党在政商关系问题上具有双重性格。一方面,民进党具有强烈的“反商情结”,大力批判国民党与财团的政商勾结或利益结盟;另一方面,民进党则在幕后积极发展政商关系,成为其执政后政商关系迅速发展壮大的重要基础。

民进党执政后,之所以调整金权理念与政商关系,最主要的是为了巩固政权,不得不向现实低头,积极争取工商界这一庞大压力团体的支持与政策配合。另一方面,工商界为争取最大的经济利益或保护既有利益,也不得不向掌握政权与握有庞大经济资源的执政党靠拢。不过,一般大企业或企业集团往往采取“双向投资”策略,在支持执政党民进党的同时,也继续与在野的泛蓝政治势力保持友谊,提供支持,避免与执政党的利益结合引起在野党的制衡或政权再度轮替后面临的压力。也就是说,工商界的政治投资是从最大利益出发,既要与新的当权派合作,提供支持,但也不能得罪其他政党,同样进行适当的投资与合作。只是企业在对各政党“政治投资”的量上与双方关系密切程度上有所差别而已。台湾《联合报》一篇社论对此作了最好的诠释:“选前顺从弱势,选后听命金权,这是政客的随缘,也是瓦解财经体制的祸源。怎样顺从弱势?因为弱势未必是少数,既非少数就有收买的价值。如何听命金权？租税优惠、租税减免、纾困贷款等，不可胜数。为何听命金权？因为金权与政权相依为命，财团需要政权奥援，政权需要金权巩固”①。

（二）

政商关系不仅仅是指政党与大企业或财团的利益合作关系，而是一个更为广泛的概念，只要涉及到政党、政治人物与企业、团体、组织的利益交换与合作，都可称之为政商关系。在台湾，具有较强经济实力的经济实体，不仅包括了大中型企业、企业集团，而且还应包括有经济实力的大家族与众多中小企业。过去长期支持民进党的不是所谓的大财团或大企业，而是许多富甲一方的大家族或众多有实力的中小企业。

一个企业或财团支持一个政党或政治人物，实际上不是这个企业或财团本身的行为，而是企业的拥有者与负责人（两者常常是一体的）的政治理念与决策行为。像奇美集团长期支持民进党，不是奇美集团本身的行为，不是管理阶层的集体决策行为，更不是员工的自发行为，而是集团董事长许文龙的政治理念与个人决策的结果。企业集团本身没有主观能力与行为，而是由负责人来决定对政治的投资与对政党的支持。企业对政治投资除极少数因政治理念相同外，主要是利益的合作，特别是在重要选举中，企业通过向某一政党或政治人物提供政治献金，或政党、政治人物寻求企业界支持，是台湾政商界建立政商关系、谋求利益合作的最普遍做法。台湾媒体评论指出，“每逢选举季节到来，就是各界‘下注’、‘押宝’的时候到了，通常这种政治献金账目都很有‘学问’，从公职

---

① 台湾《联合报》，2003年7月26日。

人员财产申报和候选人竞选经费申报上难窥全貌。其实企业界对政治人物的捐赠，随时随地都在进行，小到赞助活动、认养助理、提供政商聚会场所，大到一次数百万、上千万、上亿元的政治献金（现金）。在企业家眼中，'投资'没有党派之分"①。可以说，台湾工商界建立政商关系的目的几乎是相同的，均是为了争取利益与保护利益，只是方式不同而已。

台湾约有 300 多家企业集团，大多数与政治保持距离，公开、明确支持某一个政党的企业集团仍是少数。国民党执政时代，台湾企业集团绝大多数是公开支持国民党的，只有少数幕后支持民进党，敢于公开支持民进党的属极少数。民进党执政后，情况虽有所变化，公开支持民进党的企业或集团有所增加，但数量仍然有限。在台湾政党轮流执政逐渐成为一种趋势后，大多数企业集团的"政治投资"变得更加谨慎，多作两手投资，避免政党轮替后受到冲击与影响。《新台湾周刊》一篇文章写到，"对企业而言，与政治人物打交道，就如同投资布局，讲究投资报酬率，也要有分散风险的观念。目前在台面上的企业，除了奇美、义美等长期支持反对运动的企业之外，其他的企业几乎都选择多边押宝的安全做法"② 这充分说明了在今日台湾新的政治环境下，企业与政治关系的发展变化趋势。

（三）

台湾政治生态复杂，民进党的政商关系具有多重性，有几点需要说明。一是支持民进党与支持陈水扁的企业有所不同。一般来说，支持民进党的企业均会支持陈水扁，但在选举中支持陈水扁的

① 台湾《财讯》杂志，2003 年 10 月。
② 台湾《新台湾周刊》，2003 年 4 月，第 370 期。

企业不一定支持民进党。主要是一些企业界领袖或负责人与陈水扁有较深的私人情谊与友好关系。台湾地域狭小,同学、同乡、同事、朋友等社会关系复杂,来往较多,因此在私下多有各种合作与支持关系。因此,一些企业对陈水扁的支持,并不完全是支持民进党或者认同民进党的政治理念。二是支持民进党的企业与支持“台独”的企业有所不同。因为民进党是执政党,企业自然会转向与民进党建立关系,才能获得更多的利益。若是其他政党执政,如亲民党执政,则会有更多的企业与亲民党建立政商关系,这不完全因为执政党有什么样的政治立场。三是支持“台独”的企业基本上是支持民进党的。在台湾岛内外,长期有一批倾向“台独”的企业或企业集团,一直支持民进党,将民进党视为实现其政治目标的依靠与希望。四是支持台联党的企业,也同样支持民进党。由于台联党已成为一个典型的“台独党”,更是李登辉从事“台独”活动的堡垒,也是民进党的同盟军与支持力量,因此支持台联党的企业自然会支持民进党。这种企业与民进党、“台独”之间复杂的政商关系,需要正确解读与对待,方可避免将支持民进党的企业与支持“台独”的企业划上等号。

(四)

民进党的政商关系形成与建构主要有如下几个方面。一是本土意识或“台独”意识强烈的企业或集团,与强调本土意识与追求“台独”的民进党理念一致,形成相互支持关系与利益结盟。这种政商关系结盟的大企业或财团不多。不过,这类企业对民进党的捐助是经常性的,是慷慨大方的,不分选举时机与否。二是海外“台独”企业长期在幕后支持民进党。民进党执政后,这些海外“台独”企业逐渐从幕后走到台前,不少曾对民进党发展与上台执政有所贡献的企业负责人纷纷进入民进党的权力体系，不少人被陈水扁聘为“国策顾问”或“总统府资政”，或者进入其他政府部门或准政府部门。三是反国民党的企业或企业集团与民进党的结盟。国民党执政时，由于政治斗争，对一些企业负责人造成伤害，这些企业负责人对国民党有一种强烈的反感意识，从而走向与党外及后来的民进党的结盟。四是民进党掌控的公营企业，通过与民间企业的大量投资与合作关系，形成一个庞大的政商关系网。五是民进党通过建立基金会、智库与相关团体等组织，吸收商界、学界、政界人士加入，形成更为广泛的政商关系。就支持民进党企业或企业集团的行业特性而言，主要集中在金融业、建筑业、房地产业、电信业、交通运输业与科技产业等领域，具有明显的本土性、内需性与政府参与性等特点。

民进党执政三年多时间，通过掌握的庞大资源与利益交换或利益分配，很快打破了台湾原有的传统政商关系格局，迅速建立起新的政商关系网，并成为民进党巩固政权的重要基础与选举的重要支持力量。不过，政商关系或金权政治是一把双刃剑，虽可为政权找到同盟者与支持者，但也容易在利益结合与交换中出现利益冲突，引发官商勾结、利益交换等政治腐败弊案，影响民进党的形象与政治理念。民进党执政后，已发生多起民进党政要卷入官商勾结与利益交换的丑闻或弊案，民众对民进党执政的不满失望情绪上升，批判力度增加。民进党的政商关系与金权政治发展，是否会步上国民党执政后期“黑金政治”的老路，最终为人民所扬弃，值得观察。

目 录

第四章 工商团体蓝绿格局新变化

第五章 "绿色"智库筑起新的政商关系

第六章 媒体背后的政商较量

第一章　民进党政商关系发展概况

民进党执政前，已建立了初步的政商关系。民进党执政后，为了巩固政权，逐渐调整其政商关系观念与政策主张，逐渐抛弃了“反商情结”，转为积极争取工商界的支持，与其建立政商利益同盟关系。工商界为争取更大的利益，或保护其既有利益不受损害，也积极改善与民进党的关系，于是过去以国民党为主体的传统政商关系格局被打破，以民进党为主体的新型政商关系逐渐形成。

第一节　由民进党人士经营的企业延伸出来的政商关系

在民进党内部，有许多经济实力雄厚的大家族或企业经营者，长期支持党外或民进党。尽管这些企业不如知名大财团的经济实力雄厚，但政治立场与政治倾向明显，在支持民进党的发展上贡献力不在大财团之下。民进党执政后，有更多的民进党人经营企业，一些大企业集团也吸收民进党高官子弟与家属进入企业管理层，不少企业负责人纷纷加入民进党，使得民进党党内本身经营企业或有财团背景的人士迅速增加，并由此延伸出复杂的政商关系。

民进党前主席黄信介家族是一个经济实力雄厚的大家族，早期经常资助民进党的活动，不少知名的民进党政治人物接受过黄信介的金钱支持。民进党高雄县黑派余氏家族，经济实力更为雄厚，早期余登发将大批祖产用于从事党外活动。如今余氏家族仍拥有不少家族事业，余氏家族成员还卷入影响甚大的“新瑞都开发弊案”。民进党前秘书长、现台糖公司董事长吴乃仁为台中大地主之后，父亲经营房地产致富，后设立高科技电子公司，吴本人也设立 JET 电台。独派重要人物辜宽敏也是日据时代台湾五大家族之一的辜氏家族后代，拥有荣星企业等公司。

不少民进党成员经营企业有成，其中目前担任企业负责人的民进党政治人物包括：“立法委员”陈胜宏，任阳信商业银行董事长；“立法委员”柯建铭，任全民电通投资公司总经理与多家高科技企业董事；“立法委员”张花冠，任台湾凉椅工业公司总经理；“立法委员”蔡启芳，任台湾日光灯公司董事长等。其中，“立法委员”蔡启芳与郑楠盛为首的绿色阵营依靠其执政地位，在 2003 年台湾日光灯公司经营权的激烈争夺中大获全胜，取得所有 21 席董事及 3 席监察人，并选出蔡启芳任董事长，郑楠盛任总经理。该公司是一家中型企业，近年间营业收入在 23 亿到 27 亿元新台币之间，民进党人士取得该公司的经营权，表明民进党执政后，本党成员拥有的经济实力在增加。

民进党执政后，民进党人士及子女在商界的地位迅速上升，逐渐进入政商圈，并由此延伸出一股政商关系。民进党前中央秘书长吴乃仁的妻子詹彩虹曾在企业界发展。民进党上台后，詹彩虹出任台湾证券交易所副总经理，后又出任“中华信用评等公司”负责人。由于詹彩虹长期在商界发展，加上其特殊的背景，就为民进党开拓政商关系创造了条件，特别是使不少外资企业与民进党的关系得到迅速发展。

民进党前主席黄信介之子黄至君，在民进党执政后迅速在商界走红。2003年7月，黄至君以东帝士集团旗下的东丰纤维公司法人代表身份出任东展兴业公司董事。2003年9月，原属东帝士集团的建台水泥公司董事长刘大贝辞去董事长一职后，董事会补选黄至君为建台水泥公司董事长。刘大贝为前中华开发金融控股公司刘泰英在东帝士集团的人马，在刘泰英被民进党当局赶下中华开发金融控股公司与中华开发工业银行董事长宝座后，刘大贝先后被迫辞去东展兴业公司与建台水泥公司董事长职，而黄至君的出马，显示民进党势力进入东帝士集团①。

2003年6月，大众集团下属企业大众电信公司在新一届董监事改选中，大众集团董事长简明仁续任董事长，民进党秘书长张俊雄之子张志弘出任监察人，其他多位董事来自“绿色”的新光集团②。同时张志弘还是“绿色”科技企业智邦科技公司投资的传易科技公司总经理，因此大众集团与智邦这两个“绿色”集团不仅未来在业务上的合作将获得新的发展，而且成为民进党建立政商关系的重要渠道。

上述只是我们观察到的一些民进党人士及其家属子女进入商界发展的典型案例。事实上，还有大量的未曝光的民进党成员及其家属经营企业，尤其是经营许多中小企业，通过广泛的商业联系与利益合作，建立的政商关系在持续扩大。

另外，同属泛绿阵营的台联党，也有不少经商或有相当财力的政治人物，像“立法委员”黄宗源（拥有世纪钢铁与庆光玻璃等企业）、吴东升（新光集团第二代代表及台证综合证券公司与新光开发公司董事长等）、程振隆（清云技术学院董事长）、陈建

① 台湾《联合报》，2003年9月9日。

② 台湾《联合报》，2003年7月1日。

铭（协荣育乐公司董事长兼总经理）与许登宫（经营房地产）等。尽管台联党是一个独立的政党，但与民进党同属泛绿政治阵营，政治立场与主张一致，特别是在蓝绿两大政治阵营对抗与斗争中，两者站在同一条战线，高度团结，因此仍可视为民进党的政商势力范围。

第二节　通过海外“台独”企业演变而来的政商关系

国民党执政时期，一批反国民党的人士或“台独”分子流亡海外，不少人在海外发展，事业有成，特别是在商界发展的海外独派人士，长期支持民进党与“台独”活动，成为民进党经济来源的重要管道之一。民进党执政后，这些海外“台独”企业逐渐浮出台面，不少企业负责人逐渐进入民进党主导的台湾权力体系，部分经营事业延伸到台湾岛内发展，尤其是在新竹科学园区有不少支持民进党的海外“台独”人士兴建的企业，从而形成民进党一种独特的政商关系网。

根据台湾《财讯》杂志等媒体的公开报道，在美国、日本、欧洲及拉美等地区均有长期支持民进党或“台独”的幕后企业主，这些企业在民进党执政后逐渐公开化，成为民进党的重要支持力量。其中，美国是海外“独派企业”支持民进党的大本营。

美国磁性材料制造 KOMAG 公司。该公司负责人陈都，台湾人，1935 年出生，台湾成功大学矿冶系毕业，获美国明尼苏达大学博士学位。1971 年进入加州硅谷的全录公司，两年后在旧金山成立“台湾协志会”，发行“番薯”刊物，研究台湾文化，曾担任“世界台湾同乡联合会”会长。1983 年在美国创立磁性材料制造 KOMAG 公司，四年后在美国那斯达克上市。此后，该公司与日本多家材料公司合资成立公司，在马来西亚等地建立磁片制造厂。目前，陈都是美国旧金山地区台湾社团中最活跃的人物之一。在 2000 年台湾领导人选举中，陈都是海外金援陈水扁的“大金主”之一。陈水扁执政后，陈都出任台湾工业研究院董事。

民进党在美国西部“大金主”是经营旅馆连锁店的王桂荣。王家曾是台湾“大稻埕”（今台北市）四大家族之一，经营砖窑、造纸与雨鞋等。王桂荣到美国后从事制药、化妆品与食品原料进口贸易，后转为经营旅馆连锁店等，也一度任美国万通银行董事长。他目前在美国经营五星级饭店、旅馆和连锁 MOTEL，在台湾也有企业。他曾任“台湾人公共事务协会”（FAPA）会长，创立“台湾诺贝尔奖”，“台独”牧师高俊明、“建国党”前主席李镇源等曾获此奖。他长期资助民进党与“台独”人士，还捐款 100 万美元成立“台湾文教基金会”。陈水扁当政后，王桂荣曾出任“总统府资政”及“侨委会侨务委员”。他的儿子在台湾经营证券、贸易公司。

在美国经营银行的吴澧培是长期支持民进党的另一“大金主”。吴澧培，台中市第一中学与台湾大学经济系毕业，曾在华南银行工作，后到美国阿拉斯加银行工作，与美国官方关系密切。在王桂荣的倡议下，台湾在美商会几位理事合作成立万通银行，目前由吴澧培任董事长。在 1996 年台湾领导人首次选举中，吴澧培是支持代表民进党参选的彭明敏的重要“金主”。在 2000 年台湾领导人选举时，吴澧培担任支持陈水扁的“海外扁友会”会长。民进党执政后，吴澧培被陈水扁聘为“总统府资政”，后又转聘为“国策顾问”，这是对其长期支持民进党的回报。

美国方面支持民进党的知名人物还有美东亚细亚银行董事长

蔡仁泰、纽约冠东银行前任董事长陈隆丰、美国纽约第一银行董事长杨次雄，这三位均是金融界人士。蔡仁泰，1932 年生，高雄人，曾留学日本，前“台湾独立联盟日本总部”财务长，曾是日本“台湾青年独立联盟”盟员。后来，他到美国发展，经营饭店、银行等。目前，他是美国亚细亚银行董事长，在纽约有 3 家分行，在洛杉矶与休斯敦等地也有分行，同时还是“世界台湾商会联合会”名誉会长，担任“世界李登辉之友会”会长。他一直在经济上支持“台独联盟”、“台湾人公共事务协会”等海外“台独组织”。2001 年陈水扁访问中南美洲过境美国时，蔡仁泰是“欢迎陈水扁委员会”的荣誉召集人。美国纽约冠东银行董事长陈隆丰曾就读美国纽约大学法学专业，曾开设律师事务所，后来进入金融业发展，成为银行家。他也曾任“台独联盟”主席及“台湾人公共事务协会”会长，担任多年纽约台湾会馆理事长，长期出钱出力支持“台独运动”。美国纽约第一银行董事长杨次雄是台南市人，出身医生世家。他的妻子黄美幸是民进党重要成员，曾任“全美台湾同乡会”会长，民进党“财委会”主委，现任台湾“外交部”研设会副主委。

日本是海外“台独”企业与人士较多的另一个国家，长期支持民进党或“台独”的企业界代表人物有郭荣桔（被认为是日本支持民进党的最大金主，已去世）、金美龄（被陈水扁聘为“总统府国策顾问”）、辜宽敏（曾长期在日本，民进党执政后返台，被陈水扁聘为“总统府资政”等）与陈建忠等。其中，陈建忠（日本名颖川建忠）是台湾昔日“青果大王”陈查某长子，后移民日本，加入日本籍，在台湾与日本都有不少投资事业，主要包括侨果企业公司、侨果实业公司、大洋航业公司等。陈建忠长期支持陈水扁、谢长廷、叶菊兰与邱义仁等民进党人士，也是台湾民间全民电视公司的大股东之一，2003年8月正式出任台湾味王公司董事长①。事实上，支持民进党的台湾本土企业多与日本有密切关系，可以说日本是民进党海外关系最为复杂的地区。

民进党的欧洲最大“金主”是珠宝商邱启彬。邱启彬为台湾桃园人，是大地主之后，曾留学法国，后在美国与欧洲发展，主要经营珠宝生意，在法国、荷兰、美国、加拿大、泰国、香港与台湾等地均设有公司，同时在台湾投资个人电脑等高科技企业，长期资助民进党与“台独”运动。

在一些发展中国家，也有不少长期支持民进党的企业或人士。其中，中南美洲巴西最大“金主”是经营纺织与纸浆的张胜凯。张胜凯出生于1940年，台湾大学化工系毕业，留学日本，后到美国、巴西发展，因在巴西从事纺织业而暴富，被认为是巴西财力最雄厚的台商。他还曾是“台独”联盟的秘密盟员，长期资助“台独运动”，与民进党籍“立法委员”蔡同荣等人关系密切。据报道，蔡同荣以前经常赴美向幕后“金主”报告台湾政情。张胜凯也是美国第一纽约银行最大股东。民进党执政后，他在台投资名为《OPEN》的财经周刊，自任董事长。

这些海外企业或企业家长期支持民进党，是民进党发展的重要力量，也是民进党政商关系的重要基础。这些海外“台独”企业扁及全球各地，在民进党执政后，事业迅速向岛内延伸，并在民进党的支持下获得进一步的发展，民进党的政商关系网也得以扩大。

---

① 台湾《商业周刊》，2003年7月，第815期。

第三节　由相同政治理念发展起来的政商关系

民进党的部分政商关系，不是依靠经济利益建立起来的，而是因为相同的本土意识、政治理念或反国民党统治的共同认知建立起来的。在国民党执政时期，岛内就有一些本土性极强的企业或财团一直在幕后支持民进党，较典型的有奇美、义美、长荣、霖园、新光、富邦、大陆工程、伟诠电脑、大明产业等。民进党执政后，过去幕后支持民进党的这些企业或企业集团在政商界的地位迅速上升，许多企业负责人成为新的红顶商人，同时有许多新的本土意识强烈的企业或财团加入民进党政商俱乐部。“绿色”企业代表人物包括了高藤蛟（高志明、高志尚）、许文龙、蔡万霖、蔡万才、张荣发、林荣三、殷琪、陈国和、李成家、戴胜通、吴东升、方仁惠等。这里就长期支持民进党的知名企业或财团作以简要介绍。

义美集团是一个以食品为主的本土性极强的企业集团，也是以高藤蛟、高志尚与高志明父子为核心的家族企业，长期支持民进党。该集团经营食品已达 60 多年，是一个老牌企业，有十多项产品在台湾市场销售量高居第一位，蛋卷产量更高居全球第一位。民进党执政后，高氏垢子成为新的红顶商人，曝光率迅速提高，原来并不出名的义美食品公司一举成为台湾知名求业。公司董事长为高腾蛟，总经理为长子高志明，副董事长为次子高志尚，其中高志明被陈水扁聘为“国策顾问”。高志尚还与“中国信托金融控股公司”董事长辜濂松、英业达集团副董事长温世仁代表台湾参加 2003 年 10 月举行的 APCE 旗下的“企业咨询委员会”（ABAC）领袖会议，显示其在民进党政权中的地位迅速上升。为支持陈水扁“政府”，高滕蛟率义美食品，结合统富食品、谷盛、联华实业、佳美食品、111人力银行、冠毓营造、永鹏国际开发、高银化工等企业共同于2003年3月成立“拼经济联谊会”；同年8月底又成立“台湾基层产业拼经济协进会”，高腾蛟出任董事长，大力支持陈水扁连任。

奇美企业集团是以石化工业为主的大型企业集团，在台湾有“北台塑，南奇美”之说。到2001年，奇美集团拥有22家分子企业，资产总额1405亿元新台币，营业收入647亿元新台币，员工人数5700人①，是台湾五十家大型企业集团之一。集团在台湾石化业领域占有重要地位，也是全球最大的ABS树脂生产企业，而且已在科技产业领域异军突起，下属奇美电子公司生产的TFT-LCD产品产量高居台湾第1位，全球第4位，目前又计划投资450亿元新台币从事第五代TFT-LCD的生产，在台湾高科技产业领域的地位将得到进一步的巩固。

奇美集团董事长许文龙，早期曾接受日式教育，加上国民党在接收台湾过程中的所作所为，引起许文龙的不满，因而具有强烈的反国民党色彩，这也是许文龙长期支持民进党的重要历史背景。许文龙土本意识强烈，与李登辉、陈水扁等绿色阵营政界士关系极为要好。在2000年台湾领导人选举中，许文龙是陈水扁“国政顾问团”成员之一，对陈水扁的当选发挥了重要作用。陈水扁当选后，许文龙被聘为“总统府资政”，这是一种很高的政治荣誉。许文龙对陈水扁与民进党执政给予较高肯定与支持。他在陈水扁当政三周年时表示，“对陈总统的施政，我给他打很高

---

① 《台湾地区集团企业研究》，中华征信所，2003年版。

的分数”，“民进党执政以来，做了一些改革，让人感到政府真的变得亲民，做事也很方便”。尽管奇美集团在大陆有投资，而且在江苏镇江投资的企业进入大陆“外资企业500强”，但却将两岸迟迟不能直接“三通”的原因归于大陆，认为“三通的问题是对方不肯，不是我们不愿意”[①]。许文龙尽管支持陈水扁与民进党，但对其执政也多有不满或批评，而且在2003年8月拒绝陈水扁参加集团一家企业的典礼仪式。但不论如何批评陈水扁或民进党，许文龙强烈的本土意识与对国民党的反感，不会改变他对民进党政权的支持与“台湾独立”的认同。

长荣集团一直被认为是典型的支持民进党的“绿色”企业集团。长荣集团是台湾大型企业集团之一，经营范围涉及海运、空运、钢铁、建筑、电力、电子电器、餐饮等诸多行业，到2001年，集团分子企业有57家，资产总额4437亿元新台币，资产净值1568亿元新台币，营业收入2143亿元新台币。其中长荣海运、立荣海运、长荣运输、长荣货柜与长荣航空等5家为上市上柜公司。该集团还拥有130多艘集装箱轮船，是全球知名的大型航运集团之一。

长荣集团总裁张荣发，在国民党执政时期与李登辉关系极为要好，是国民党政权的支持力量，但也被外界认为是长期幕后支持民进党的大型企业集团之一。民进党在野时期，在其强烈的反商情结与抗议活动中，对许多大型企业集团特别是在大陆有较多投资的台塑集团等进行激烈批判甚至到总部抗议，而对长荣集团甚为友善，即可证明长荣集团与民进党的友好关系。张荣发投资建立的“国家政策研究中心”（后改为“国家政策研究院”），被

① 台湾《联合报》，2003年3月31日。

认为是李登辉时代的重要民间智库。李登辉执政后期，由于其“戒急用忍”政策，不符合张荣发在两岸布局发展的商业利益，因此张荣发曾公开批评李登辉的大陆经贸政策，但这并不影响双方的合作同盟关系。

长荣集团与陈水扁的往来开始甚早，陈水扁曾担任长荣集团“海商法顾问”，由此建立起双方的合作关系。特别是在2000年台湾领导人选举中，张荣发是陈水扁“国政顾问团”成员之一，对陈水扁的最后当选发挥了重要作用，两人的关系提升到一个新的更高层次。台湾媒体报道，“陈水扁从市议员期间就与长荣集团总裁张荣发保持相当好的互动，一路从市议员、立法委员、市长，在陈水扁从政路途中，一直有张荣发相助的影子。不过两人的互动还是相当台面下的。直到总统大选期间，张荣发首度跃升台面，担任国政顾问团的成员，公开挺扁”①。民进党执政后，张荣发自然是民进党争取与之建立政商关系的重要对象，张荣发被陈水扁聘为“总统府资政”。在2001年5月陈水扁访问中南美洲时，张荣发还特别到巴拿马迎接陈水扁。

不过，陈水扁的大陆经贸政策也不符合张荣发在大陆的事业发展与商业利益，因此对民进党施政多有不满，进而拒绝了陈水扁续聘“总统府资政”的头衔，显示双方关系有所松动。2003年8月，台湾媒体报道，张荣发、殷琪等亲绿工商界领袖与连战、宋楚瑜往来增加，显示长荣集团老板张荣发对政商关系有新的思考。随后，张荣发再度对陈水扁的“新宪说”公开批评，并表示“不再碰政治”。不过，长荣集团仍就属于“绿色”企业集团，与陈水扁、民进党的关系依然深厚。这可以从张荣发的女婿、长荣

① 台湾《联合报》，2001年7月14日。

集团副总裁郑深池与陈水扁的关系及与民进党的互动得以窥见。

郑深池与陈水扁关系极为要好，陈水扁上台不久，郑深池就被任命为公营银行——交通银行董事长，后又在官方操作下以民股身份出任兆丰金融控股公司董事长，成为陈水扁最信任的企业界友人。郑深池身兼董事的几家企业如富邦银行、诚泰银行、台湾高铁等均是典型的“绿色”企业。在 2003 年兆丰金融控股公司新改选的董事与监事中，唯一以自然人身份当选的监察人为国际通商法律事务所律师陈玲玉。陈玲玉与陈水扁关系极为要好，不但是台湾高铁律师，而且曾担任陈水扁的委任律师，代表陈水扁向《中国时报》发出抗议函。可以说，长荣集团以及由张荣发家族延伸出来的社会关系，与民进党当局有着深厚的结盟合作关系。

霖园集团与富邦集团。这两个集团属蔡万霖与蔡万才兄弟的蔡氏家族集团，也是台湾最大的本土性金融企业集团，主要经营事业包括银行、保险、证券、投资、建筑与房地产等。在国民党执政时期，霖园与富邦集团虽是国民党政商关系网络的一部分，但也是长期幕后支持民进党的企业集团。早在陈水扁任台北市长期间，富邦与霖园集团是对台北市文化基金会及相关活动捐款最多的企业集团之一。

这两个企业集团分子企业虽不多，但规模庞大，均为台湾超级大财团。到 2001 年，霖园集团有 20 家分子企业，资产总额 13945 亿元新台币，营业收入 4224 亿元新台币，均高居台湾企业集团排名第 2 位；资产净值 1851 亿元新台币，员工人数近 3700 人，均名列前 10 位。富邦集团分子企业 46 家，资产总额 6366 亿元新台币，营业收入 1124 亿元新台币，资产净值 2509 亿元新台币，员工人数 2100 多人，是台湾十大企业集团之一。

民进党执政后，蔡氏家族两大集团虽与泛蓝阵营继续保持关系，但与民进党的结盟更深、更广。蔡万霖与蔡万才兄弟均被陈水扁聘为“总统府资政”，蔡万才也是少数公开支持陈水扁连任的企业界领袖之一。特别是两大集团积极配合民进党的经济政策与公营企业“释股”行动，变相进行大规模的政治投资，与民进党的政商关系发展最为迅速。

另外，与蔡氏家族有姻亲关系的日盛证券集团也是“绿色”企业集团，集团总裁陈国和与陈水扁关系要好，是民进党的重要支持者。

新光集团是台湾一个历史较久的本地集团，由吴火狮所创立。吴火狮去世后，新光集团分别由第二代的吴东进、吴东贤、吴东亮与吴东升共同负责经营，其中，以吴东亮与吴东进为核心人物。目前集团经营范围十分广泛，涉及二十多个行业，其中以金融（银行、保险与证券等）、纺织（棉纺、毛纺织、人造纤维、成衣等）、石油化学、塑胶、树脂、电子电器、电信、通讯 、进出口贸易、商业百货、保安、建筑、旅游等为主。到 2001 年，集团有分子企业 94 家，资产总额 10125 亿元新台币，在台湾企业集团中排名第 5 位；营业收入 3014 亿元新台币，资产净值 1303 亿元新台币，员工人数近 4 万人。其中集团拥有台湾总计 14 家金融控股公司的两家，即台新金融控股公司与新光金融控股公司，足以显示新光集团与吴氏家族的经济实力十分强大。

新光集团是台湾知名的政商关系要好的大集团。在国民党执政时代，吴氏父子就是台湾知名的民间“经贸外交”人物。长子吴东进曾进入政界发展，曾当选第二届“立法委员”，后退出政坛，专注家族事业发展，但政商关系广泛，继续扮演国民党民间“经贸外交”的角色。不过，新光集团也是较早幕后支持民进党的集团之一，在陈水扁当选台北市长及兼任台北市文化基金会董事长时，新光集团是主要捐助者之一，捐款达 200 万元新台币。民进党执政后，吴东进被陈水扁续聘为“无任所大使”，主要是配合民进党推动实质“经贸外交”工作。老四吴东升曾在学界发展，后进入家族企业，也较早从政，1992 年加入国民党后，并被提名当选第二届“立法委员”，1996 年当选“国大代表”。国民党失去政权后，吴东升因违纪参选被国民党开除党籍，随后加入李登辉的台联党，并当选第五届“立法委员”，尽管与民进党属不同政党，但支持民进党执政当局。另外，新光集团的新光医院是陈水扁第一家庭最为信赖的医院，副院长黄芳彦与陈水扁关系要好。因此，新光集团成为民进党另一个重要的支持财团。

大陆工程集团是坚定支持民进党的极少数大陆籍大财团之一。大陆工程集团由殷之浩所创建。1994 年，殷之浩去世后，由王文吉接任董事长至今。殷之浩之女殷琪曾任该公司董事长特别助理，1986 年起一直任大陆工程公司总经理，实际上是集团的核心人物，同时兼任台橡公司董事长与总经理。殷之浩曾遭受国民党迫害，因此殷琪具有强烈的反国民党与亲民进党色彩，在 2000 年台湾领导人选举中加入陈水扁的“国政顾问团”，是公开支持陈水扁的唯一女性企业家。民进党执政后，殷琪与陈水扁“政权”的关系更为密切，成为民进党政权的重要支持者。殷琪被陈水扁聘为“国策顾问”，这也是对殷琪支持民进党的重要回报。在 2000 年泛蓝阵营发动罢免陈水扁案时，殷琪出面组织工商界领袖联合刊登“挺扁”广告，以“安定”为名，反对罢免，从而进一步加深与陈水扁的友好关系。在 2003 年 7 月高铁铺轨工程典礼上，陈水扁以极不寻常的“最敬爱”用语称呼殷琪，并表示“政府全力支持殷董事长”，这是陈水扁对殷琪发自内心深处的感激之情，也再度证明殷琪与陈水扁的关系深厚。可以说，大陆工程集团将是陈水扁选举连任最坚定的支持者。

殷琪担任董事长的台湾高速铁路公司，更是一个“绿色”企业联盟。1986 年，殷琪接任大陆工程公司总经理后，联合富邦、太平洋建设、长荣及东元电机等财团成立“台湾高铁联盟”，在激烈招标竞争中取得台湾高速铁路的经营权，并于 1998 年正式成立台湾高速铁路公司，殷琪出任董事长。该工程是台湾当局委托民间兴建经营的第一个大型 BOT 工程，并已于 2000 年开始动工兴建。这个有官方背景、由亲绿财团组建的大型企业，本身就是一个政商联盟体，扮演着支持民进党政权的重要角色。

联邦建设企业集团。该集团属台北县“三重帮”势力之一，董事长为林荣三。到 2001 年，该集团有分子企业 21 家，主要经营房地建筑、土地开发、金融、保险、媒体等；资产总额 2030 亿元新台币，资产净值 2263 亿元新台币，营业收入 1607 亿元新台币。国民党执政时期，该集团董事长林荣三与李登辉关系密切，认同李登辉的执政路线，因此与国民党建立起广泛的政商关系。民进党执政后，林荣三迅速与民进党结盟，不仅被陈水扁聘为“总统府资政”，而且政治立场更加明显，其经营的《自由时报》完全转向支持李登辉与陈水扁“政权”，另一方面强烈批判泛蓝阵营政治人物，尤其是不断攻击连战与宋楚瑜，从而成为民进党最重要的支持力量。

与民进党政治理念一致、长期支持民进党的企业，除上述知名大企业、大集团之外，还包括许多中小企业。一是本土性极强、支持李登辉或“台独”的企业，主要包括明治制果制药公司（董事长方仁惠）、台湾机械运输公司（董事长彭荣次是李登辉访日的主要推动人物）、东锦企业公司（负责人蔡仲伯在李登辉执政期间及陈水扁执政后均被聘为“国策顾问”)、伟诠电脑公司(董事长蔡昆灿)、华泰王子饭店、金车企业、台湾电通、联广、宏益纤维等。其中明治制果制药公司董事长方仁惠是知名的“台独”企业家。该公司属大明产业集团，前身是日据时代的永大洋行，与日本明治公司关系源远流长。方仁惠是苗栗县竹南人，曾就读日本早稻田大学商业研究院。上世纪40年代末，方氏家族将事业重心转向日本。方仁惠在日本时，加入“台独刊物”《台湾青年》阵营，因此被国民党当局列入“黑名单”。方仁惠认同“台独”，长期在幕后支持民进党与“台独”活动。自施明德任民进党主席始，方仁惠就担任民进党顾问。方仁惠依靠自己在商界的关系，经常向民进党重要人士介绍企业界人士，协助民进党与企业界建立关系，特别是与许多企业界第二代建立了广泛的关系。陈水扁在选举台北市长时，方仁惠动员的募款餐会，出席的企业界人士超过1000人①。民进党执政后，方仁惠在政商界的地位迅速上升，不仅被陈水扁聘为“国策顾问”，而且连续当选两届台湾糖果食品同业公会理事长，成为民进党当局的最有力支持者。另外，由李登辉女儿李安那创办并任董事长的台中林肯美国学校，也有多家企业投资，其中参与投资并任董事的企业家包括钜国企业董事长谢桂发、诚洲企业董事长廖继诚、福益实业公司董事长苏天财等②，他们也是民进党当局的支持者。

二是长期支持陈水扁的一批中小企业。主要包括东升金属与科见贸易公司（董事长洪登科任支持陈水扁的“福尔摩沙联谊会”创会会长，曾是陈水扁选市长、陈定南选市长与彭明敏选“总统”时的财务负责人）、同成电机公司（董事长陈秀雄曾任

① 台湾《财讯》杂志，1998年10月。
② 台湾《联合报》，2003年4月3日。

“福尔摩沙联谊会”两任会长，陈水扁当选“总统”后，出任华南银行董事)、泰宇广告公司（董事长黄诚为现任“福尔摩沙联谊会”会长)。在2000年底在野党掀起罢免陈水扁案时，公开登广告支持陈水扁的企业除大陆工程公司总经理殷琪、义美食品公司董事长高腾蛟外，还有诚品书店董事长吴清友、远流出版社董事长王荣文、华泰饭店董事长陈天贵、西华饭店董事长刘文治等。

三是在“台独”刊物长期刊登广告支持民进党与“台独”的民间企业，包括新安产物保险公司（“经济部长”林信义担任中华汽车公司总经理时建立的保险公司)、神脑国际公司、台湾固网公司、台湾大哥大公司与和成欣业公司等，也是民进党的忠实盟友与支持者。

第四节　与科技产业界建立的政商关系

高科技产业已成为台湾的支柱产业，在台湾经济中的影响日益增大。在台湾企业集团中，不少传统产业企业集团排名后移，而许多科技产业企业不仅纷纷进入企业集团行列，而且不少成为超大型企业集团。这些新兴科技企业集团与民进党发展的历史时间几乎相同，即大多是80年代中期后新崛起的科技企业，其中许多是由海外留学人员回台创业建立的，与国民党政权的历史渊源较浅，相反与民进党的关系较为密切，许多成为民进党的重要支持者。

民进党执政后，积极建立与科技企业的关系，希望形成新的政商联盟，以巩固政权。一是于2002年1月成立“台湾产业科技协会”，吸收科技界与产业界等参与，形成一个以执政党为核心的科技界智库团体。二是提拔“偏绿”、“偏独”的科技界或高科技企业负责人的地位。陈水扁通过先后任命“台独”人士黄文雄与李界木出任新竹科学园区管理局局长，积极改善与高科技企业的关系，培养“绿色科技企业新贵”，争取其支持。其中，李界木于2002年7月正式加入民进党。三是以各种名义争取改善与高科技企业界的关系。台湾知名高科技企业台积电董事长张忠谋、联电集团董事长曹兴诚、宏碁电脑公司董事长施振荣等被陈水扁聘为“总统府国策顾问”。

目前与民进党关系较为密切或与陈水扁关系要好的高科技产业集团，主要包括大众电脑集团、广达集团、联华神通企业集团、宏碁集团、智邦科技集团、铼德科技集团、中环集团与金宝集团等。其实，还有许多高科技企业或集团与民进党关系密切，但因敏感性与隐秘性，不便在此一一列举。

大众电脑集团是台湾高科技领域的新兴企业集团，成立只有20余年的历史，主要经营资讯、电子电器、塑胶加工、出版、印刷、资讯服务、建筑、工程技术、广告、商业、投资控股等。到2001年，集团拥有90多家分子企业，资产总额956亿元新台币，资产净值409亿元新台币，营业收入1100亿元新台币。其中，核心企业大众电脑公司资产总额达355亿元新台币，营业收入417亿元新台币，在台湾资讯产品制造业中排名第6位。

大众电脑集团董事长简明仁，是台塑集团王永庆的女婿，与民进党关系密切，与陈水扁关系要好。民进党执政后，简明仁被台湾当局新聘为“无任所大使”，这是简明仁首次担任此荣誉职。简明仁还担任于2002年成立的“台俄交流协会”委员。简明仁在2002年底公开表示支持陈水扁连任，被认为是第一个公开支持陈水扁连任的企业家领袖人物。2003年初，台湾当局主导成立

"藏台基金会"，基金规模 2000 万元新台币，60% 来自民间企业捐助，40% 由官方提供，其中出资捐款的简明仁出任该基金会董事。这一切显示，简明仁已成为民进党执政下新的"民间经贸外交大使"，肩负配合台湾当局开拓国际生存空间的重任。同时，民进党秘书长张俊雄之子张志弘于 2003 年 8 月出任大众电信公司监察人，显示大众集团与民进党的关系越来越深，成为民进党新的同盟军。

广达电脑集团是台湾知名高科技企业集团之一，旗下包括广达、广明与广辉 3 家核心企业，主要生产笔记本电脑、手机、伺服器、TFT－LCD 面板等产品，其中广达电脑公司是全球最大的笔记本电脑代工企业，2002 年营业收入为 1422 亿元新台币，2003 年上半年达到 1206 亿元新台币，预计全年达 2500 亿元新台币。集团董事长林百里上海出生，香港长大，在台湾发展，于 1988 年创立广达电脑公司，10 多年时间发展成为一个高科技企业集团。到 2001 年，集团分子企业超过 20 家，资产总额 1324 亿元新台币，资产净值 640 亿元新台币，营业收入 1370 亿元新台币，是台湾发展最快的高科技企业集团之一。

林百里与陈水扁、民进党关系要好。在 2000 年台湾领导人选举中，林百里就支持"陈吕配"。陈水扁当选后，林百里积极配合陈水扁的经济政策与重要活动，从而建立起更为密切的政商关系。2003 年 4 月，陈水扁颁赠"二等景星勋章"与"志宏作育"匾额给广达电脑公司董事长林百里，表彰他长期致力于科技产业与经济发展，同时感谢林百里捐赠台湾大学电机资讯大楼。林百里是继陈水扁颁赠和信集团总裁辜濂松此勋章之后的第二人，足以显示陈水扁赋予林百里在商界的崇高地位。随后，林百里宣布广达电脑集团在台扩大投资，设立研发中心，陈水扁亲自出席，并发表讲话，称林百里为“最敬爱的三广总督”。2003 年 7 月，林百里应民进党之邀，成为第一个到民进党中央党部发表演讲的企业家，也是公开支持陈水扁连任的极少数企业家之一。广达电脑集团已成为新兴的“绿色”企业集团之一。

金宝集团可以说是与广达电脑集团齐名的电子科技集团，由生产计算机起家，目前有 66 家分子企业、30 多个工厂，事业遍及欧、美、日、东南亚与大陆等地。其中金宝电子与仁宝电子是两大核心企业。到 2001 年，集团资产总额 1764 亿元新台币，营业收入 1708 亿元新台币（2002 年超过 2000 亿元，预计 2005 年达到 4750 亿元），资产净值 1130 亿元新台币，是台湾大型科技企业集团之一。

陈水扁上台执政后，金宝集团与陈水扁及民进党的关系改善迅速。民进党成立旨在争取青年人的“总统府青年团”，一年 2000 万元新台币的经费，全由许胜雄担任董事长的金宝电子公司捐赠[①]。许胜雄也是“台湾智库”的发起捐助人与董事。2003 年，许胜雄接替候贞雄出任台湾电机电子工业公会理事长，显示其在政商界的地位更加重要。

在海峡两岸知名度甚高的宏碁集团与民进党关系也十分密切。宏碁集团事业扩张速度相当快，到 2001 年，集团分子企业达 234 家，资产总额 3708 亿元新台币，营业收入 4181 亿元新台币，资产净值 1492 亿元新台币，员工 2600 人，是台湾超大型科技企业集团之一。在 2000 年台湾领导人选举中，施振荣是陈水扁“国政顾问团”成员之一，公开“挺扁”，对陈水扁的当选发挥了重要作用。尽管后来施振荣公开澄清他不是支持“台独”，

① 台湾《联合报》，2003 年 4 月 25 日。

但此举已与陈水扁当局建立起密切关系。陈水扁当选后，施振荣被聘为“国策顾问”，也是台湾高科技企业家中为数不多的“国策顾问”之一。

智邦科技集团是台湾知名高科技企业集团之一，也是公开支持民进党的高科技企业集团。到2001年，该集团分子企业达37家，资产总额391亿元新台币，营业收入415亿元新台币，资产净值200亿元新台币。智邦科技集团董事长为林忆民，与民进党关系密切。在2003年5月智邦科技公司董事会上，民进党中央党部副秘书长李应元当选外部董事，这也是台湾“公司治理”制度实施以来，执政党人员出任上市公司外部董事之中位阶与层级最高的一位[①]。民进党前主席黄信介之女黄君安也在智邦科技集团任职。另外，智邦科技公司执行长黄安捷在国民党执政时期，就与民进党关系要好，因此智邦科技集团是支持民进党的重要企业集团之一。

除了大型科技企业集团之外，还有许多中小型“绿色”科技企业，是民进党的支持者，其中不少集中在新竹科学工业园区。目前典型的“绿色”高科技中小企业包括光磊、晶宇、伟诠、天瀚、微相、宇通全球、蔚华科技、嘉信光电等。民进党还积极吸收青年科技企业家加入民进党。2002年7月，在民进党的策划下，宏远育成科技公司总经理吴作乐、鸿华联合科技公司董事长许鸿章与靖鑫实业负责人邱南翔等正式加入民进党。

伟诠电子公司是新竹科学园区一家有实力但原本并不出名的企业，只因日本作家司马辽太郎在《台湾记行》一书中专章介绍这位“台独”伟诠电子公司董事长蔡昆灿而得以出名。伟诠电子

---

① 台湾《联合报》，2003年5月6日。

公司是一家上柜公司，主要生产监视器控制 IC，产量高居世界第一位[①]。蔡昆灿是台中清水人，早年在日本读书，与日本关系密切，认同"台湾独立"，早期幕后支持"台独联盟"，后来对"台独"的支持逐渐公开化。在 1996 年台湾首次领导人选举中，蔡昆灿与许文龙、黄昆虎等支持李登辉，也支持彭明敏。据报道，他还经常开支票给"台独老大"彭敏明的秘书，以示对"台独"的坚定支持。在 1997 年县市长选举中，伟诠电子公司捐款支持张洪灿与陈唐山等民进党"独派"人士参选，并当选。

嘉信光电公司也是新竹科学园区支持民进党的重要企业，是世界知名的经营激光二极体公司。该公司创办人兼总经理黄呈嘉曾在美国创办 3 家公司，1996 年，黄呈嘉回台在新竹科学园区创办嘉信光电公司。黄呈嘉本人是海外"台独"运动的知名人物，长期以来支持"台独"运动，甚至通过抵押在美国的房产，保释在美行刺蒋经国的嫌犯黄文雄（民进党上台后被陈水扁聘为"国策顾问"）与郑自财。

微相科技公司被认为是昔日民进党在美国硅谷的"金主"之一。微相科技公司创建于美国硅谷，后在新竹科学园区建立分公司，主要生产半导体用光罩护膜，据报道，全球只有约 5 家企业从事该产品生产，该公司产品则占了全球市场的 40%。该公司创建人为颜永财，他的妻子颜庄和子任董事长，是一家未上市公司，即营业收入全归夫妻个人所有。颜庄和子于 2000 年被民进党政府聘为"侨务委员"。微相科技公司又计划投资 2 亿元新台币在台南科学工业园区建厂[②]。

宇通科技公司是另一个支持民进党的园区科技企业。该公司

① 台湾《财讯》杂志，1998 年 10 月。

② 台湾《工商时报》，2001 年 11 月 18 日。

主要经营射频（RF）元件测试，董事长为徐松川，同时任台湾工业区厂商联谊会执行长。他的妻子陈敏英，在吕秀莲当选桃园县长后，出任桃园县社会局局长。该公司副董事长徐松明是徐松川的弟弟，也是民进党党员。

另外，蔚华科技公司董事长陈有谅，虽没有参加任何党派，但与陈水扁、民进党高层往来密切，长期为陈水扁选举出钱出力。

事实上，与民进党保持良好关系的高科技企业相当多，不仅仅是上述所介绍的几个典型。科技企业与民进党的友好关系，除部分具有明确的“台独”思想外，基本上是一种企业与政党相互合作与利用的普遍政商关系，并不一定代表这些企业认同民进党的“台独”主张。

第五节　与“由蓝转绿”企业建立的政商关系

民进党执政后，采用恩威并施等多种手段，一方面通过提供利益与资源，积极拉拢企业界领袖加入绿色阵营；另一方面，在民进党的“扫黑金”大旗下，许多大财团为了生存与发展，不得不疏离与国民党的关系，逐渐转向靠拢或支持民进党，从而与民进党建立起新的利益结盟，形成新的“绿色”政商关系。

这类“由蓝转绿”的典型企业集团主要包括力霸集团、太平洋集团、远东集团、和桐化学集团、中日国际集团、东元电机集团、远雄国际集团、三商行集团等。

力霸集团是台湾超大型企业集团之一，目前分子企业达113家，其中有5家上市公司，分别为中国力霸、嘉新食品化纤、远森网络科技、友联产物保险与中华商业银行。2001年，该集团资产总额3731亿元新台币，到2003年初达4500亿元新台币；资产净值为773亿元新台币，营业收入净额为670亿元新台币。

该集团属大陆籍大型企业集团，集团创始人与董事长王又曾善于经营政党关系，是国民党执政时期的红顶商人，现仍为国民党中央常务委员，曾长期任台湾商业总会理事长，后将权力转移给儿子王令麟。目前王令麟是集团的第二号人物，为集团副董事长。

民进党执政之初，向长期支持国民党的力霸集团开刀，调查王令麟涉嫌的经济弊案，一度严重影响力霸集团的事业发展。力霸集团面对政权轮替后新的政治形势与环境，开始调整政商关系，在与国民党保持既有合作关系的基础上，积极发展与民进党的关系，处处配合与表现。王氏父子成为陈水扁出访"邦交国"的主要企业界代表，王又曾也是陈水扁的"国策顾问"之一。王令麟还以台湾商业总会的身份公开支持陈水扁"拼经济"的政策口号，从而使得力霸集团与民进党的关系得到很大改善。2003年，陈水扁还公开以广告形式支持力霸集团旗下东森电视台美洲台的开播。

东元电机集团是台湾一大传统产业集团，已逐渐转向支持民进党。到2001年，该集团分子企业21家，资产总额717亿元新台币，营业收入685亿元新台币，员工人数18000人。目前岛内外分子企业年营业收入超过1000亿元新台币，是台湾超过千亿元的大型企业集团之一。其中东元电机公司是一家知名的上市公司，主要经营家电、工业用马达、IC智慧卡、变频器、空调设备、机电系统工程等，2001年资产总额达565亿元新台币，营业收入203亿元新台币，在台湾电机器材行业排名第3位。

东元电机集团是一个由多人投资共同发展起来的多家族式集团。集团前身东元电机公司由林大成等人创建，其中，林大成长期担任集团董事长。1991 年，集团人事进行改组，由黄茂雄接任集团董事长，直至今日。黄茂雄与民进党上层及陈水扁关系密切，是被称为“绿色”大企业台湾高铁公司的“五大原始股东”之一。陈水扁当选台北市长时期，以台北市文化基金会经营政商关系，东元电机集团是捐款者之一，曾于 1997 年捐款 150 万元新台币，从而与陈水扁建立起友好关系。民进党执政后，双方关系进一步加深。在 2000 年泛蓝阵营发起罢免陈水扁时，黄茂雄是公开登广告“挺扁”的企业界人士之一。

三商行集团是台湾老牌企业集团，也逐渐转向支持民进党。到 2001 年，该集团分子企业计 26 家，资产总额 717 亿元新台币，营业收入 685 亿元新台币，员工近 2 万人。总裁陈河东原与泛蓝阵营连战、宋楚瑜等政治人物关系要好，不过也早与民进党建立了关系。在陈水扁任台北市长期间，曾为陈水扁兼董事长的台北市文化基金会捐款 500 万元新台币，是捐款最多的企业之一。陈水扁执政后，陈河东与泛蓝关系趋淡，而与绿色阵营特别是与陈水扁关系更加密切，被聘为“国策顾问”，他也是陈水扁重要智囊“台湾智库”的发起人与董事。由此观察就可发现，三商行集团已成为“绿色”政权的支持者。

和桐化学集团是台湾百大集团之一，主要经营石油化学、电力燃料供应、电子电器、机械、水泥、百货、仓储货运、建筑等。到 2001 年，集团有分子企业 18 家，资产总额 337 亿元新台币，资产净值 192 亿元新台币，营业收入 182 亿元新台币。董事长陈武雄，在民进党执政后，与民进党的关系发展较快，已担任当局幕后主导成立的“台俄交流协会”董事。

远雄国际集团是一个只有20多年历史的企业集团，主要经营建筑、不动产、水泥、保险、旅游等事业，是台湾百大企业集团之一。到2001年，集团有分子企业25家，资产总额635亿元新台币，资产净值111亿元新台币，营业收入270亿元新台币。董事长赵藤雄，任台湾建筑开发公会全联会理事长，与陈水扁关系极为密切。据报道，赵藤雄每月都会向陈水扁进行“产业现况简报”，不时提出产业建言①。远雄集团积极配合陈水扁的财经政策，不仅在岛内大笔投资，开发台湾第一座“研发创新园区”，而且强调远雄集团要把90%的时间和精力放在台湾，大陆只会放一成。目前，远雄国际集团在岛内的重大投资计划包括花莲海洋公园的主题乐园与休闲饭店、嘉义阿里山丽景饭店、垦丁欧式休闲饭店与商务住宅、研发创新园区、桃园航空货运园区等，总投资近400亿元新台币。这是该集团对陈水扁“投资台湾优先”政策的大力支持。

远东集团是大陆籍大财团之一，由徐有痒所创立。徐有痒去世后，由第二代接管家族事业，其中以徐旭东为核心代表人物，出任集团董事长。远东集团经营范围十分广泛，主要包括纺织、成衣、石油化学、化工原料、水泥、航运、仓储货运、电信、通讯、银行、保险、建筑等。到2001年，集团分子企业为113家，资产总额7330亿元新台币，资产净值3350亿元新台币，营业收入2050亿元新台币，员工人数28000人。早在陈水扁任台北市长时，该集团就向陈水扁兼任董事长的台北市文化基金会捐款500万元新台币，是巨额捐款者之一。陈水扁当政后，远东集团进一步转向支持陈水扁与民进党，尤其是在2000年泛蓝阵营发动摆

① 台湾《工商时报》，2003年9月3日。

免陈水扁时，徐旭东是 15 个公开刊登广告反对罢免陈水扁的知名大企业代表之一。

太平洋集团也称太平洋电线电缆集团。该集团形成背景较为复杂，早期由孙法民、焦廷标、章法民等人以朋友关系共同投资太平洋电线电缆公司与太平洋建设公司，再以此两家公司为基础，分别或共同投资其他子公司发展而来，后来以太平洋建设公司为核心的相关企业从太平洋电线电缆集团中独立成一个新的集团。

太平洋电线电缆集团是台湾一个老牌的大型企业集团，目前经营的事业涉及电子电器、电机器材、电线电缆、工程技术服务、交通、航运、资讯服务、电信及通讯、传播媒体、租赁、进出口贸易、百货批发零售、餐饮连锁与投资控股等。到 2001 年，集团拥有 59 家分子企业；2000 年资产总额 3558 亿元新台币，资产净值 2211 亿新台币，营业收入 1160 亿元新台币，2001 年分别降为 1654 亿元新台币、738 亿元新台币与 403 亿元新台币。

1987 年，集团第一代创办人及核心领导人物孙法民将集团董事长一职交给仝玉洁，总经理一职交给儿子孙道存，2001 年孙道存升任董事长，仝氏家族的第二代仝清筠任总经理，孙道存成为集团的核心领导人物。2003 年，孙道存因个人财务问题，被迫将台湾固网公司、台湾大哥大公司经营权缴给富邦集团，集团经营团队出现重大变化。在 2003 年 6 月底举行的太平洋电线电缆公司股东会上，股东对企业经营不善表示了强烈不满，董事长孙道存被迫辞去董事长一职，转任副董事长，由原副董事长仝清筠接任董事长，被认为是太平洋电线电缆集团孙道存时代的正式结束，仝氏家族势力崛起，仝清筠成为集团新的核心领导人物。

从太平洋电线电缆集团独立出来的太平洋建设集团，也是一个大型企业集团，章民强任集团总裁。到 2001 年，集团有分子企业 75 家，资产总额为 1026 亿元新台币，资产净值 306 亿元新台币，营业收入 525 亿元新台币。

太平洋电线电缆集团与太平洋建设集团尽管均属于大陆籍财团，但较早就与民进党发展关系。在陈水扁任台北市长时，当时尚未分家的太平洋电线电缆集团向台北市文化基金会捐款 420 万元新台币。2000 年底，在野的泛蓝阵营发起罢免陈水扁时，15 位企业家公开登广告支持陈水扁，其中包括了曾支持国民党连战的太平洋建设公司总经理章启明与太平洋电线电缆集团董事长长孙道存等。如今，这两大集团虽与国民党仍保持关系，但更倾向支持民进党。

联华神通集团也是一个大陆籍大财团，属“山东帮”，经营事业范围广泛，涉及石油化学、化工原料、树脂、电子电器、资讯产品、仓储货运、面（米）粉、建筑投资、百货等，到 2001 年分子企业 110 家，其中以联华实业公司与神通电脑公司为核心企业；资产总额 1587 亿元新台币，资产净值 972 亿元新台币，营业收入 2072 亿元新台币，是台湾知名大型企业集团之一。该集团在陈水扁担任台北市长时就通过捐款建立了关系。特别是集团旗下企业、由苗丰强担任董事长的神脑国际公司，长期在支持民进党与“台独”的“台独”刊物《新台湾周刊》刊登广告，其政治立场甚为明显。

另外，以辜振甫与辜濂松叔侄为首的和信集团尽管是国民党时代的最大支持者，辜氏两人也是有名的红顶商人，现在仍然是国民党的中常委，但在现实利益与经营政商关系方面也是两面投资，与民进党早有往来，也是陈水扁任台北市长期间台北市文化基金会的重要捐助者。民进党当政后，辜振甫被聘为“总统府资政”，辜濂松被聘为“国策顾问”与“无所任大使”。

可见，民进党执政后，原与国民党或泛蓝关系密切的一些大财团，在现实利益面前，逐渐中立或转向支持民进党，使民进党的政商关系范围更加广泛，实力迅速增强。

第六节　通过公共资源构建的政商关系

台湾公共资源广泛，包括公营企业、公有土地、重大项目工程等，是执政党建立政商关系的重要资源与渠道。其中，公营企事业范围广，财力雄厚，过去是国民党政权的重要执政经济基础之一。民进党执政后，已取代国民党，逐渐掌握了公营企事业的主导权。公营企业除少数未公司化、属事业单位及全由当局控制外，大多公营企业已公司化与企业化，官方持有主要股份与主导权，其中部分公营企业已民营化或正在推动民营化，但除极少数已为民间企业控制外，大多数仍由官方控制。

台湾公营企业在投资与发展过程中，参与许多民营企业的投资，形成许多官民营合资或合作企业，并通过此一投资合作关系形成更为复杂的利益结盟与政商关系网。根据台湾“监察院”对台湾“经济部所属国营企业转投资”的调查报告，到2001年6月底，“经济部”公营事业共转投资48家民营企业[①]。同时，台湾当局各部门尤其是官方成立的各种基金也参与许多投资事业。据报道，台湾当局投资的186家企业在2002年出现亏损[②]。不论这些企业是盈利或是亏损，对台湾当局来说并不重要，重要的是当局与公营企业通过投资或合作，与大财团或大企业形成的利益关

① 台湾《联合报》，2002年6月26日。
② 台湾《联合报》，2003年10月1日。

系，使民进党的政商关系得以广泛发展。

民进党上台后，迅速“绿化”公营企业，通过人事的调动与安排，以公营企业为核心发展新的政商关系。一些公营事业尽管逐步民营化，并成为企业集团，像“中钢公司”已发展成为有90多家分子企业的大型企业集团，但官方仍是大股东，掌握企业的人事经营大权。这些公营企业集团通过投资与相互合作关系，形成一个更大范围的政商关系网。

另外，民进党执政后，积极拉拢不少支持民进党的外资企业主管进入公营部门，并以此建立起与外资企业的政商关系同盟，其中最典型的是曾任瑞士信贷第一波士顿集团台湾区总裁龚照胜。龚照胜是长期支持民进党的外资企业家，民进党执政后，他先后被民进党当局聘请出任台湾证券交易所总经理、中华电信公司董事长、中华邮政公司董事长、开发金融控股公司总经理等职，也是台湾智库的重要成员与“经发会”资本市场小组的召集人，他是陈水扁推动开放QFII（专业投资机构）的幕后推手，被认为是陈水扁“拼经济”的一招活棋①。

2003年10月，台北市国民党籍议员调查公布了民进党上台执政3年多来运用公共资源建立的政商关系情况，列举了民进党与大陆工程、长亿、长荣、烨隆钢铁、东南水泥、霖园（国泰）、富邦、兆丰金融控股等八大集团形成的利益交换与政商关系，涉及金额达2万亿元新台币②。

可以说，公营企业及其他公共资源不仅是民进党政权的重要经济基础，是其选举经费的重要来源与配合经济政策的支持力量，而且是其建立政商关系的重要基础与桥梁。

---

① 台湾《商业周刊》，2003年7月，第816期。
② 台湾《中央日报》，2003年10月7日。

表 1－1　陈水扁政商关系一览表　（单位：新台币）

财团名称	负责人及背景	案件	相关内容
大陆工程	殷琪，“国政顾问团”与“政府改造”成员	台湾高铁增资案	近两年台糖与中央信托局等对其共投资 245 亿元
长亿集团	杨天生	月眉投资案	“行政院开发基金”违规投资 该项目 5.6 亿元
东南水泥	陈敏贤，为谢长廷助选	高雄捷运 BOT 案	陈敏贤投资 7 亿元出任政府投资 1450 亿元的高雄捷运公司副董事长，介入市长与议员选举
烨隆钢铁	林义守，出席陈水扁选举餐会	台糖土地租借案	台糖公司以极低价格出租土地给该集团
国泰金控	蔡宏图，“国政顾问团”成员，“中央银行”理事	中华电信公司释股案 世华银行合并案	11 天之内取得中华电信公司一半的股权；国泰银行与世华银行合并有官方幕后操作
富邦金控	蔡明忠，“国政顾问团”成员	中华电信公司释股案	取得中华电信公司大量股权，金额 654 亿元
长荣集团	张荣发，“国政顾问团”成员	台北港 BOT 案	更改标规，让长荣一家得票，外商抗议
兆丰金控	郑深池，陈水扁“金主”，“国政顾问团”成员	以民股出任董事长 国际商业银行释股案	在陈水扁安排下出任该职该银行因释股官方失去主导权

资料来源：台湾《中央日报》，2003 年 10 月 7 日。

第七节　由地方派系转化而来的政商关系

地方派系不仅是一股地方社会势力，而且拥有基层组织与不少企业，甚至进入权力机构，是一股基层经济与政治势力，因此是台湾政商关系的重要组成部分。民进党在巩固既有地方派系的同时，积极争取原国民党的地方派系，使台湾原有的地方派系格局逐渐发生变化，支持民进党的地方派系与地方势力在增加，并由此建立起上通下达的基层政商关系网。

民进党与地方派系的关系同国民党与地方派系的关系不尽相同。过去，民进党不是依靠党掌握的政治经济资源加强与地方势力或地方派系的联合，而主要是依靠政治理念的认同与共同反对国民党而结盟。早期不满或反国民党的地方势力与地方派系一直扮演在野角色，常与党外势力结合在一起，这是民进党与反国民党的地方派系建立结盟关系的重要历史背景。

随着民进党力量的发展、逐渐取得地方执政权及2000年取得政权后，民进党手中的资源增加，与地方派系或地方势力的关系不再仅仅是政治观念的结合，而且包括了资源与利益的结合。因此，民进党执政后，在巩固既有地方派系的同时，拉拢国民党的地方派系，地方派系逐渐成为民进党巩固政权积极争取的力量。在2001年第五届“立法委员”选举中，来自地方派系的民进党参选人有13位，其中有10位当选，是各政党中地方派系人物当选比率最高的政党，显示民进党与地方派系的关系在执政后进一步进增强。

民进党与地方派系的关系大致有四种模式。一是早期党外或反对势力已形成的党外型地方派系，一直支持民进党，后来成为民进党地方派系。较典型者包括高雄县的黑派、台中市的何派、屏东县的邱派等，可以说是传统的党外地方派系。其中高雄县黑派是民进党内政商实力最强大的地方派系。

二是民进党建立后，民进党的领袖人物或政治明星在地方发展自己的势力，形成一种新的地方派系或“地方山头势力”。民进党的发展主要依靠人才，即政治领袖人物依靠个人政治魅力吸收选票，积累政治资源。政治人物为巩固自己的势力，建立了自己的小圈子，形成不同的山头势力。这种山头势力在地方的发展就是民进党的地方派系。在地方政治权力结构发生重大变化的情况下，民进党的政治势力也开始积极向地方基层权力结构渗透，并与地方派系结盟。这种派系的建立有“自上而下”与“自下而上”两种。“自上而下型”的地方派系是指民进党内政治派系的领袖人物在地方参加公职选举，建立自己的竞选班底，多数称为“后援会”，形成一批固定的支持群体，并以公职人员的名字命名的派系。“自下而上型”的地方派系是民进党的地方实力派人物长期经营地方，逐渐发展为一股政治力量，并与民进党中央的政治派系相结合，形成一股政治力量。

三是支持民进党的无党籍地方派系或地方势力。台湾不少地方县市，长期有一批无党籍的地方势力或地方派系，有些后来加入民进党，但有些并没有加入民进党阵营，但却是其重要的同盟者，从而也可看作是民进党的地方派系势力范围。如嘉义市的“许家班”为无党籍地方派系，长期与民进党维持着密切的合作关系。

四是原属国民党的地方派系投靠民进党。在国民党内部，因选举提名不当或利益分配不均，造成一些地方派系人物对国民党的不满，在选举中投靠与支持民进党提名人选，逐渐与民进党结合。民进党执政后，在民进党的大力拉拢或分化下，一些地方派系开始倒向民进党，最典型的就是嘉义县林派陈明文率整个派系集体加入民进党。

另外，同属泛绿阵营的台联党，因其势力本身就是来自国民党内的本土势力或地方势力，因此也普遍存在地方派系。在2001年台湾第五届“立法委员”选举中，台联党有10位参选人是来自不同的地方派系，如陈启吉属南投县新派、何敏豪属台中市何派、王戴春满为台中县黑派等，党主席黄主文属桃园县黄派。这些地方派系也是支持民进党的“绿色”外围势力。

目前民进党地方派系总体数量不多，远赶不国民党的地方派系，但由于其不仅仅是利益的结合，而且还具有相同的政治理念，因此其凝聚力强，战斗力强。在一些县市，民进党的地方派系政商实力相当强，尤其以南部高雄县黑派最具实力与影响力。

黑派实际上就是以高雄县余氏家族为核心形成的一股政治与社会势力，长期扮演反对派角色，并通过不断的基层与议会选举争取权力，扩大影响。尽管余家人自称“黑派只是一种选举符号，不是权力组织”，但却不能否认黑派是一股强大的地方政商力量，在地方政坛长久不衰，从第一代余登发到第二代余陈月瑛（余家儿媳），到第三代余政宪、余政道等，余家纵横台湾高雄县政坛几十年，成为一支庞大的地方政商势力。

黑派的创立者与第一代领袖人物是党外知名人士余登发。余登发，出生在高雄县桥头乡八卦寮（高雄市楠梓区后劲人），曾任里长、水利会主任与“国大代表”等职。八卦寮的大片土地，成为余家赖以延续政治香火的“金库”。余登发步入政界后，从事政治选举的经费主要就是靠出卖这些土地获取。余登发从事政治活动不仅自己亲自出面参加选举，而且出钱支持朋友选举。在几十年间，余登发先后卖掉200多公顷土地用于政治选举，也因此获得大批支持者。余登发虽是反国民党的在野势力，但却主张统一，反对分裂。因此，余登发不仅在高雄县地方发展史上，而且在台湾政治运动发展史上有着特殊的地位与影响。

民进党成立后，以余氏家族为代表的黑派重要人物纷纷加入民进党，从而成为民进党在地方最重要的地方派系与政商力量。

余家第二代以独子余瑞言妻子余陈月瑛为代表。她进入政坛完全是公公余登发在余家无人继承大业的情况下作出的选择，并成就了余家的政治事业。余陈月瑛，台南县长荣女中毕业，父亲陈再兴为商界名人，二哥陈水印为名医，曾任区长、议员及省医师公会理事长。余陈月瑛在余登发全力支持下迅速在地方政坛崛起，成为黑派第二代掌门人。余陈月英于1963年当选省议员后，连任四届，后转战当选“立法委员”，不久又投入第十届县长选举，并在激烈的竞争中当选，接着竞选连任第十一届县长。黑派可谓是后来居上，超过国民党的红派与白派，成为高雄县政坛最具影响的一支地方势力。

余陈月瑛在两届县长卸任后，出任“总统府国策顾问”(2003年因涉及弊案主动辞职)。长子余政宪继母亲余陈月英连续当选两届高雄县长后，又连续当选两届县长，使得余家母子先后连续16年掌控高雄县大权。县长卸任后，余政宪出任“内政部长”。次子余政道在任第十届省议员后连续当选三届“立法委员”；女儿余玲雅曾当选第三届“立法委员”，大儿媳郑贵莲曾于1996年当选“国大代表”，现为民进党中央委员。其他黑派重要代表人物还有现任县长杨兴秋与徐志明、尤宏、王金雄、黄万全、戴振耀、苏锡辉等政商界人士。

黑派还有着较强的经济实力，主要区域性独占经济为高雄县旗山镇农会，投资经营的企业主要有高苑工专、高苑商工、高英商工、补习学校、牧场、益昌旅馆等，同时参与多家企业的投资，也是民间全民电视公司的主要股东。因此，以余氏家族为核心的黑派本身就是一个庞大的政商联盟组织，不仅拥有较强的经济实力与事业，有着广泛的社会关系，而且长期垄断了地方政权，也是民进党在南台湾依靠的重要政商力量。

除高雄县的黑派外，台中市的何派、屏东县的邱派以及由国民党派系投靠而来的嘉义县林派等均是民进党的重要地方派系与基层政商关系。

台中市的何派领袖为何春木。何春木在台湾光复初期就进入市议会，后连任多年省议员，是台中市一支重要的党外力量，主要经济势力集中在台中市第八信用合作社与台中市、台湾省合作社联合社等。民进党成立时，何春木是135位创党党员之一，以何春木为代表的地方派系与党外地方势力转为民进党的地方派系。何派也以何氏家族成员为核心，其主要成员还包括了何春木的弟弟何春树、儿子何敏诚与何敏豪等。其中何敏诚进入市议会发展，何敏豪加入台联党，并当选第五届“立法委员”。何派在台中市地方势力较大，何春木长期担任台中市合作社联合会理事主席，由此建立起民进党在台中市的基层政商关系。

屏东县以邱连辉为代表的地方势力是民进党在南部地区另一重要地方派系。邱连辉是从最基层发展起来的党外势力代表，70年代进入县议会，后进入省议会，在80年代初当选第九届县长，1986年当选增额“立法委员”，后又连续当选第一届与第二届“立法委员”，成为南部地方政坛有影响的地方势力代表。在李登辉执政后期，邱连辉就被聘为“国策顾问”。邱连辉也是民进党的创党党员，在党内地位甚高，1987年就任民进党中执委，此后还曾担任民进党"立法院"党团召集人与"中国事务部委员会"主委。陈水扁上台后，邱连辉被聘为"总统府资政"，是对其政治地位的重要肯定。以邱连辉为代表的邱派经几十年的地方经营，建立起庞大的地方势力，也成为民进党在屏东县发展地方政商关系的基础。

从国民党地方派系投靠民进党的嘉义县林派，已成为民进党在中南部地区又一重要地方派系。嘉义县地方派系主要有黄派、林派、曾派与"萧家班"等，但关系复杂，矛盾重重，分分合合，斗争不断，这也是民进党易于介入、分化国民党嘉义县地方派系的重要原因。其中，林派原是一大地方派系，拥有广泛的经济与社会资源，其主要势力集中在民雄乡与义竹乡等多个地方农会与省蔗农消费合作社，参与投资的企业包括嘉和建设、嘉成建设、三贤建设、康阳建设、重阳建设、实达交通、安通交通、嘉南大饭店等许多企业。民进党执政后，林派领袖陈明文率整个派系集体加入民进党，成为民进党在嘉义县的重要地方派系。另外，从林派独立出来的台湾"凉椅大王"曾振农以其雄厚的经济实力，逐渐成为地方政坛一支重要力量。民进党执政后，曾振农退出国民党，支持妻子——台湾凉椅公司总经理张花冠当选第五届"立法委员"，张花冠当选后加入民进党，使得民进党在嘉义县的地方派系势力与政商关系得到较大发展。

除此之外，还有不少县市的地方派系人物加入或支持民进党，使得国民党的地方派系加速分化与衰落，而民进党的地方派系力量在加快发展。

由于地方派系多以家族势力为核心，拥有农会、信用合作社等经济资源以及投资经营不少企业，许多代表人物掌握基层或地方权力，甚至进入县市议会或当选“立法委员”，因此地方派系本身就是一股地方政商势力。民进党执政后，积极经营、发展地方派系，通过资源分配、利益输送与人事安排等建立起新的基层政商关系，也成为其重要的统治基础。

第二章　公营企业权力关系的转化

在台湾经济体系中，公营企业一直占有重要地位，掌握着能源、金融、钢铁、运输等部门。尽管部分公营企业已民营化，但当局仍然掌控着这些企业的经营大权。民进党执政后，迅速“绿化”公营企业，将其作为“政治酬佣”、筹措选举经费、配合当局施政的重要工具，可以说公营企业或具公营背景的企业，在某种意义上已经成为民进党的“党营事业”，成为为其巩固政权的最大经济资源。

第一节　公营企业及其民营化概况

公营企业是台湾经济体系中一股重要的经济力量。台湾公营企业形成与发展的历史背景较为特殊。一是 1945 年国民党政府接收日本投降时的敌产或企业，经整顿、复建或扩充而来的公营企事业。二是 1949 年前后国民党官僚资本从大陆迁入台湾后，经合并或改组而成的公营企事业。三是民间不易或不愿兴办，而由政府投资兴办的公营企业。四是具有独占性或涉及经济安全的公营企业。五是台湾当局根据经济建设发展需要陆续成立的一批公营企业。

台湾公营企业包括了所谓的“国营企事业”（“经济部”、“交通部”等各部委直属的公营企事业）、“省营企事业”（台湾“省政府”所属的企事业）、县市公营企业与其他公营企业。“国营企事业”规模最大，实力最强，主要涉及能源、金融、运输、港口、通信、货币制造、钢铁、盐业、烟酒等行业。“省营企事业”是由台湾“省政府”掌管与经营的企业，曾有34家。1998年，台湾“冻省”后，部分“省营企事业”已归并为“国营企事业”。县市所属公营企业不多，主要为台北市与高雄市等部分县市所属的公用事业与医院等。其他公营事业主要为军方的“退辅会”所经营的煤气公司与工程事业等。

公营企业曾在台湾经济体系中占有重要地位，在某些行业更居于支配地位，是台湾经济发展与稳定的重要力量。台湾当局早期法律明文规定，凡是“全国性和独占性以及人民不易举办”的企事业，一律由官方经营，因此台湾公营企业具有明显的垄断性、独占性或特权经营等特点。像电信、石油、电力、盐业、烟酒等长期实行独占或垄断经营，不允许民间经营；金融、保险等金融机构也有很强的垄断性，早期只开放一小部分民间经营。然而，公营企业的这种垄断与独占经营，缺乏竞争力，造成经营成效不佳，亏损严重，不断引起外界的批评，于是台湾当局于上世纪80年代末期开始推动公营企业民营化，公营企业的垄断局面逐渐被打破。

公营企业民营化方式主要有两大类。一类是开放原公营企业独占领域，让民间企业参与经营与竞争，如先后开放加油站、小客车租赁、银行、保险、石化上游轻油裂解厂等领域允许民间经营。另一类是将部分公营企业转移民营。1989年7月，台湾“行政院”成立“公营事业民营化推动专案小组”；1991年6月，台湾“立法院”通过“公营事业移转民营条例修正案”，次年底通过该条例实施细则。公营企业转移民营的方式不是实施单一模式，而是采取多元方式进行。一是出售公营企业股份，将官股比例降到50%以下。二是公开标售公有企业资产。三是以资产作价与民间合资成立民营公司。四是公司合并，但存续事业为民营公司。五是办理现金增资，减少官股比例。其中出售公营企业股票是最普遍的方式。

不过，公营企业转移民营进展并不顺利。台湾当局在90年代初列入第一拨民营化的公营企业包括“中国钢铁公司”、台湾机械公司、“中国石油化学工业开发公司”、中华工程公司、“中国产物保险公司”、交通银行、农民银行、阳明海运公司、“中国造船公司”、第一银行、华南银行、彰化银行与台湾中小企业银行等。此后，台湾当局继续推动公营企业民营化工作，但进展依然有限，只有极少数如中华工程公司、台湾机械公司与“中国石油化学工业开发公司”等完成民营化，许多只是图有民营化的虚名，官方一直持有公司大量股权，实际上仍然掌控着企业的经营权，并未真正实现民营化。

民进党执政后，继续推动民营化。在2002年8月“公营事业民营化推动与监管管理委员会”召开的一次会议上，确定台湾电力公司、“中国石油公司”及台湾烟酒公司等公营事业民营化提前实施；将当局持股百分之百的台湾银行、土地银行、合作金库银行与中央信托局等4家公营银行列入民营化名单，计划将持股比例降到49%以下；通过政府投资事业出售股票的原则，计划全部出售多家公营企业股票，使官股比例降为零，预计出售股票收入达6172亿元新台币①。民进党上台执政3年多时间，先后将中兴纸业公司、台湾机械公司、唐荣公司、农工公司、“中央再保险公司”、台汽公司、台湾铁路货物搬运公司、台湾新生报、台

① 台湾《世界年鉴》(2003年)，台湾“中央社”编印。

北市印刷厂等10家公营企业转移民营；台中木材厂、台北铁工厂、“退辅会”桃园工厂、高雄硫酸公司等5家企业结束营业，1家（台湾书店）裁并为行政机构；1家（“财政部”印刷厂）维持公营；18家重要公营企业继续推动民营化。但民营化推动仍然缓慢，不仅上述4家公营金融机构至今没有民营化，其他公营企业民营化进展也不大，而且当局还加大了对公营企业的实质控制。

不过，经过十多年公营企业转移民营化政策的推动，如今公营企业内涵或概念与以前有很大不同。目前公营企业大致可分为如下几类：

一是尚未公司化的公营事业。像台湾铁路管理局、“中央健康保险局”、邮政储金汇业局、邮政总局、劳工保险局、基隆港务局、高雄港务局等，虽然实行企业化经营与管理，但不是公司制企业，属于当局事业机构。这类企事业亏损较为严重。台湾铁路管理局固定资产达6000亿元新台币，但目前负债总额达1800亿元新台币。民进党计划将其改制为“公营公司”。并通过成立“台湾铁路管理基金”进行推动，预计在2004年7月1日改制为公司化的公营企业。

二是已公司化、正在推动民营化的公营企业。这类公营企业比较多，实力较强，主要包括中华电信公司、“中油公司”、台电公司、“中船公司”、台湾烟酒公司、台湾盐业公司、汉翔公司、唐荣公司、荣工公司、龙崎工厂、台糖公司、台湾省自来水公司等。目前这些企业仍属公营企业。

三是名义上民营化，但官股仍占主导地位的企业。目前部分已民营化的公营企业，由于官股比例较大，当局仍控制着公司的经营权与人事任命权。最典型的就是台湾“中国钢铁公司”，尽管已不列入公营企业范围，属于民营企业，但台湾“经济部”是其最大股东，占股份总额的 40%以上，其他民间单一股东的股权均不超过 1%，因此实际上仍属公营企业，董事长由“经济部”任命，董事会无权决定。另外，像阳明海运公司、“中国产物保险公司”等也属此类情况。这些名义上已民营化、但实际仍为官方控制的企业可以称之“准公营企业”。

四是官股参与投资，对人事与经营仍具影响的企业。台湾不少公营企业为增强竞争力，通过各种方式参与民间企业投资，形成与民营企业复杂的合资合作与交叉持股关系。这些企业虽是民营企业，但因有官股背景，当局对企业仍具影响力。

五是由公营企业主导新成立的公民营合资企业。台湾一方面推动公营企业民营化，另一方面又根据经济建设甚至政治需要，由公营企业主导成立新的公民营合资企业，这些企业也应属公营企业的势力范围。2003 年初，唐荣公司将其下属的轨道车辆事业部以资产作价，与“中钢公司”、日本住友商社、日本车辆公司合资成立台湾车辆公司，资本总额近 6 亿元新台币，由“中钢公司”董事长林文渊担任董事长。另外，由“中钢公司”主导、合资成立的高雄捷运公司，也是此类性质的公营企业。

第二节　公营企业的经济实力与政商实力

长期以来，公营企业在台湾经济体系中占有重要地位。到上世纪 90 年代初，公营企业经济实力依旧强大。1992 年，公营企业生产总额为 6729 亿元新台币，占台湾国民生产总额的 11.6%；资本形成总额为 2560 亿元新台币，占岛内资本形成总额的 20.2%；公营企事业员工人数超过 100 万人，占就业总人数的 11.6%；自有资产净值 151219 亿元新台币，占台湾工商企业资产净值总额的 49.9%；公营企业营业收入 18003 亿元新台币，占台湾国民生产总值的 34%①。

经过多年公营企业民营化后，目前公营企业数量已大大减少，但其资产规模、经济实力与影响力依旧强大，远在许多大型企业集团之上。若加上“准公营企业”与当局参与投资的公民营合资企业，公营企业总体实力更大。不过，由于后两类企业不统计在公营企业之内，已无法准确估算公营企业的总体经济规模与实力。就单个大型公营企业及其在某些行业中的地位观察，其实力依然超群。在台湾服务业领域（不包括金融业），以资产总额计算的台湾前 10 大服务业企业，公营企业占了 7 家，资产总额达 30804 亿元新台币；在前 20 大企业中，公营企业占了 10 家，资产总额达 33908 亿元新台币。其中，台湾糖业公司与“中国石油公司”的资产总额分别占据了台湾制造业企业的前两位，资产总额合计达 13159 亿元新台币。

这里就“中油”、台糖、台电、中华电信、“中钢”等几个大型公营企业或“准公营企业”进行个案分析，以充分了解公营企业的经济实力与影响力。

“中国石油公司”是台湾最大的制造业企业之一，也是完全由当局控制的公营企业。2002 年，公司资本额 1300 亿元新台币，是王永庆台塑石化公司资本额的 2 倍，资产总额 4806 亿元新台币，营业收入 3910 亿元新台币，分别高居台湾制造业企业排名的第 2 位与第 1 位，分别是台塑石化公司的 1.5 倍与 2.3 倍。该公司拥有台湾总计 6 个轻油裂解厂中的 5 个，民间只有台塑集团兴建的一座。同时，长期垄断了台湾的加油站市场，目前虽已开

① 李家泉（主编）:《台湾经济总览》，中国财政经济出版社，1995 年版。

放经营，民间也只有两家民营企业经营加油站，其数量与实力远赶不上“中油公司”。

台糖公司是一个老牌公营企业，尽管营业收入不是很大，2002年只有300亿元新台币，在台湾制造业中排名第40位，但却是台湾财力最雄厚的企业。2002年，该公司资产总额达8351亿元新台币，高居台湾制造业企业第1位，是台塑石化公司资产总额的6倍多。特别是，台糖公司是台湾最大的“地主”，拥有5万多公顷土地。目前，台糖公司已不再是传统的制糖企业，而是已转型为一个经营制糖、养猪、生物科技、健康食品、美容用品、花卉、超市、加油站等在内的现代企业。

台湾电力公司是台湾最大的电力供应企业。2002年，该公司资本额为3300亿元新台币，居台湾服务业企业第2位；资产总额12300亿元新台币，营业收入3224亿元新台币，均名列台湾服务业企业排名第1位。该公司长期垄断了台湾电力事业，尽管近年台湾开放民营企业建立发电厂，但实力与规模远不能与台电公司相比。台电公司是台湾最重要的能源企业，担负着维护台湾能源供给与经济安全的重任。

中华电信公司则是台湾最大的电信企业。2002年，该公司资本额为3881亿元新台币，居台湾服务业企业第1位；资产总额4659亿元新台币，营业收入1761亿元新台币（2003年1－7月达到1700亿元新台币），分别居台湾服务业企业第4位与第2位。中华电信公司的行动电话客户于2001年超过700万户，市场占有率超过30%。目前，该公司是盈利最佳的公营企业之一。

“中国钢铁公司”不仅仅是一个大型的“准公营企业”，而且已发展成为一个大型企业集团。目前中钢集团已成为一个横跨钢铁冶炼、轧钢与钢铁产品制造、工程建筑、化工原料、水泥、建材、航运、客运、电子电器、资讯服务、机械、陶瓷、保安、建筑、贸易、商业等诸多领域的大型企业集团。目前集团可大致分为6个事业群。一是钢铁冶炼、轧钢、钢铁产品及其他金属制品制造事业群，主要企业包括“中钢”、“中钢构”、“中钢铝业”、桂裕企业、联鼎钢铁等公司。二是电子电器、资讯、机械与工程技术等事业群，主要企业包括中德电子材料、中冠资讯、网际优势、钢堡科技等公司。三是航运、客运等事业群，主要企业包括“中钢运通”、“中运国际航运”、“中钢巴拿马运输”、“中钢新加坡航运”、“中钢香港航运”、“中钢巴拿马航运”、“中通国际航运”、高雄捷运等公司。四是建筑、水泥、陶瓷与化工原料等事业群，主要企业包括联钢营造工程、中联炉石处理资源化、“中钢碳素化学”、高科磁技、钡泰电子陶瓷、上海希科陶瓷电器、宝固实业等公司。五是进出口贸易与商业事业群，主要企业包括中贸国际、中贸国际日本株式会社、中贸国际香港等公司。六是投资控股事业群，“中钢集团”先后投资成立了20多家投资控股公司。

目前，“中钢集团”已拥有90多家分子企业，其中有6家上市上柜公司。到2001年，集团资产总额为3374亿元新台币，在台湾企业集团中排名第20位；资产净值1968亿元新台币，排名第7位；营业收入1579亿元新台币，排名第16位。其中，母公司“中钢公司”是台湾超大型钢铁公司，高雄总公司已有4座高炉炼钢厂。2001年，“中钢公司”精钢产量超过1000万吨，2002年为1080万吨，预计2003年可达到1100万吨。“中钢”产品在台湾整体钢产品市场的占有率达40%，在钢板、热轧钢板与冷轧钢板的占有率分别达76%、61%与49%。近两年来，受国际钢铁产品需求增加影响，“中钢公司”经营绩效优异，到2001年，公司资产总额达1989亿元新台币，营业收入851亿元新台币。2002

年，“中钢公司”营业收入达 990 亿元新台币，较上年增长 17.4%，税前盈余达到 207 亿元新台币，增长 140%；2003 年盈利预计达 365 亿元新台币。

“中钢公司”尽管于 1995 年开始实施民营化，将部分官股出售，但目前官股比例仍大，其中“经济部”持股超过 40%，因此“中钢公司”是由官方掌控的大型公营企业。

公营企业或由当局控制的准公营企业不仅财力雄厚，而且员工队伍庞大，是重要的选票来源，因此执政党十分重视公营企业。依据 2001 年台湾 31 家公营企业（不包括已民营化的“中钢公司”与未统计的公营企业等），员工人数约为 18 万人。其中，超过 1 万员工的企业有中华电信公司（3.2 万人）、邮政总局（3 万人）、台湾电力公司（2.8 万人）、“中油公司”（1.6 万人）、台湾铁路管理局（1.5 万人）、邮政储金汇业局（1.2 万人）[①]。如果将已民营化的公营企业计算在内，员工人数更多。以“中钢集团”为例，其母公司“中国钢铁公司”就有 8000 多人，加上旗下分子企业，员工达 2 万人，“中钢”股东则有 40 多万人。如果再将公营企业员工的家属计算在内，与公营企业相关的票源将成倍增加，号称有“百万选票”。

公营企业、准公营企业以及由公营企业投资的公民营合资企业，由此延伸出一个庞大的政商关系网。台湾有关部门与机构大量投资民间企业，成为其主要股东。据台湾“监察院”调查报告，到 2001 年 6 月底，仅台湾“经济部”所属公营企业转投资 48 家民营企业[②]。台湾当局掌控的上市公司就有 20 多家。实际上，台湾当局与公营企业投资的事业更为庞大。2003 年 9 月底，

---

① 台湾《经济年鉴》(2002 年)，台湾经济日报出版社。

② 台湾《联合报》，2002 年 6 月 26 日。

亲民党“立法委员”殷乃平、李桐豪与庞建国等举行记者会指出：台湾当局为营建政商关系，动用180多亿元新台币，转投资的公私合营企业计186家，2001年赚进489亿元新台币，2002年亏损120亿元新台币；30家公营企业则赚了2400亿元新台币[①]。这些在野“立法委员”还指出，许多转投资事业是政商特权的产物，成了“政府”赔钱的“大黑洞”，尤其是陈水扁上台后，因为政商关系而新增转投资事业，造成的亏损严重。另外，台湾“行政院开发基金”，大量投资民营企业，目前持有台积电公司近10%的股份、世界先进公司29%的投份、力晶电脑公司4%的股份、宏达科技公司与慧智公司各10%的股份；“退辅会”则持有台聚公司1.25%的股份、华纸公司5.74%的股份以及持有欣高、欣欣等10多家燃气公司21.26%到42.37%不等的股份[②]。

表2-1 2002年台湾公营企业在制造业中的地位（单位：亿元新台币）

公司名称	营业收入		资产总额		资本额
	金额	排名	金额	排名	
“中国石油公司”	3910	1	4806	2	1300
“中国钢铁公司”	998	9	1954		927
台湾烟酒公司	628	22	1339	44	500
台湾糖业公司	301	40	8354	1	783
“中国造船公司”	170	68	244		111
唐荣铁工厂公司	154	78	293	52	70

① 台湾《联合报》，2003年10月1日。
② 台湾《工商时报》，2003年7月7日。

续表

汉翔航空工业公司	93	134	277	59	91
台湾肥料公司	74	166	497	35	98
金门酒厂实业公司	62	197	–	–	–
“中央印制厂公司”	32	383	78	191	14
台盐实业公司	29	433	168	89	25

资料来源：台湾《商业周刊》，2003 年 5 月，第 806 期。

表 2－2　台湾公营企业在服务业中的地位（单位：亿元新台币）

公司名称	营业收入		资产总额		资本额
	金额	排名	金额	排名	
台湾电力公司	3224	1	12300	1	3300
中华电信公司	1761	2	4659	4	3881
中华航空公司	731	3	1637	6	254
阳明海运公司	455	12	464	29	183
邮政总局	258	25	960	15	300
荣民工程公司	253	27	1047	13	86
台湾自来水公司	226	29	2459	5	1150
台湾铁路管理局	198	34	6695	2	609
台北荣民总医院	139	51	272	48	110
台湾大学医院	115	62	190	66	147
高雄港务局	86	97	1511	8	460
台北大众捷运公司	82	101	133	83	106
基隆港务局	51	155	1097	11	267
台北自来水事业处	46	169	593	22	143
台中港务局	42	179	1543	7	349

资料来源：台湾《商业周刊》，2003 年 5 月，第 807 期。

第三节　“绿化”公营企业

民进党执政后，深知公营企业的经济实力及其对维持执政地位的重要性，因此迅速展开对公营企业的调查摸底与人事布局。到目前，民进党当局逐渐完成政权转移后的公营企业接收工作，从而使公营企业成为民进党最强大的经济支持力量。

民进党上台执政不久，陈水扁任命曾在2000年台湾领导人选举时担任其“竞选财务总管”的林文渊出任“国营事业委员会”副主任委员，为“绿化”公营企业铺路。民进党对公营企业的“绿化”，先从公营或官股控制的金融机构入手，以掌握经济与企业的血液来源。不过，上台之初，民进党一时缺乏专业人才，除陈水扁的“金主”陈建隆被安排出任第一银行董事长外，其余公营银行的董事长与总经理人选主要在原有机构内部进行轮调或升任，陈水扁与民进党的人马则以董事或监察人名义纷纷进入金融机构，为进一步接管金融机构布局。随后，陈水扁开始大幅更换由“经济部”、“交通部”与“财政部”等掌握的大型公营企业负责人，接管这些具有“战略地位”的公营企业。据民进党高层人士透露，公营业人事布局的一个基本原则是，若董事长一职为“政治任命”，则总经理尽量从企业内部提拔，这样可加快人事结构的调整，稳定经营团队，避免引起内部不满。在人事规划上，所谓的“一军事业”即对经济有重大影响的大型公营企业董事长人选，由陈水扁从战略高度考虑“钦定”；其余董事与监察人选职位以及所谓“二军事业”即一般公营企业人事安排，就权衡考虑多方面因素，一般由民进党主管部门协商安排。

表 3-3 民进党执政后公营企业“绿化”情况

公司名称	现任董事长	背 景
中华电信公司	贺陈旦	陈水扁前市府团队成员
“中国钢铁公司”	林文渊	上次大选时陈水扁的“财务总管”
台湾自来水公司	陈志奕	林文渊的亲信，前台北市自来水处副处长
“中国石油公司”	郭进财	游锡堃的宜兰县同乡，属“宜兰帮”
唐荣公司	刘宪同	原国民党高雄县党部主委，后退党加入民进党
台湾烟酒公司	黄营杉	亲绿学者
台糖公司	吴乃仁	民进党前中央秘书长，新潮流系领袖
台盐公司	郑宝清	前民进党“立法委员”
台湾肥料公司	余光华	民进党重要成员
高雄硫酸公司	刘文庆	前民进党“立法委员”
中兴纸业公司	沈明峰	林文渊前主任秘书
中华纸浆公司	罗胜顺	民进党成员，陈水扁妻子吴淑珍的好友
美台电讯公司	苏治芬	民进党成员
台电公司	林能白	民进党成员
台湾中小企业银行	龚金源	民进党成员
彰化银行	庄胜荣	民进党成员

资料来源：根据台湾《财讯》杂志（2003 年 1 月）及台湾报刊整理。

注：公营企业人事经常调整，因此会有一定出入。

目前，台湾主要公营企业基本上已经全部“绿化”，典型者包括中华电信公司，董事长为陈水扁前市府团队成员贺陈旦；“中国钢铁公司”，董事长为上次陈水扁选举时“财务总管”林文渊；台湾自来水公司，董事长为陈水扁台北市长任内的自来水处副处长陈志奕；“中油公司”，董事长为“行政院长”游锡堃亲信郭进财；唐荣公司，董事长刘宪同原为国民党高雄县党部主委，民进党执政后加入民进党；台湾烟酒公司，董事长黄营杉为亲绿学者；台糖公司，董事长吴乃仁为民进党前中央秘书长，新潮流系领袖；台盐公司，董事长郑宝清为民进党前“立法委员”；台湾肥料公司，董事长余光华为民进党重要成员等。

民进党对公营企业的“绿化”不仅是一个持续推进的过程，而且根据政治与选情需要不断进行新的调整。2000 年 8 月，即民进党执政不久，民进党在没有现成人才接管中华电信公司这一庞大公营企业的情况下，便由原国民党时代的政治人物毛治国出任董事长。2003 年年初，民进党撤换毛治国，改由陈水扁台北市长任内的官员贺陈旦出任中华电信公司董事长。贺陈旦上任后，中华电信公司积极配合当局的财经政策，出售股票，回笼资金，而购入者多为亲民进党的富邦集团、霖园集团等“绿色”民营企业，从而形成公营企业与“绿色”企业高度合作的战略联盟。

台湾肥料公司是率先“绿化”的公营企业之一，民进党上台后首先换上民进党的戴振耀担任董事长，后又换上民进党前“立法委员”余光华出任董事长。同时，民进党安排所谓的“扁系”人马黄清晏出任台肥公司总经理。黄清晏本身就是民进党的重要支持者，与陈水扁是台南市第一中学校友，曾在许文龙的奇美实业公司任职。黄的外甥赖坤成曾是陈水扁妻子吴淑珍昔日的“国会”助理，现任台东市市长。尽管该公司于 2001 年开始推动民营化，但“经济部”仍持有 45% 的股权，对公司人事与经营具有主导权，实际上仍是公营企业。该公司积极转型，发展电子化学、生物有机肥料，生物科技等，成为公营企业转型较为成功的企业之一。

“中国钢铁公司”“绿化”过程中的政治考虑最为典型，手段最为粗糙，影响最为恶劣。陈水扁上台不久便有意撤换在上届台湾领导人选举中支持连战的现任“中国钢铁公司”董事长、国民党中央委员王钟渝。但王钟渝任内，“中钢公司”经营业绩突出，任期未到，也找不到合适的借口，加上一时没有合适人选，因此没有及时更换，而是考虑王钟渝到 2001 年任期届满后更换。王钟渝任内后期，也没有像部分工商界人士那样倒向民进党，在台湾高铁工程与民进党举办的一些重要活动中，王钟渝未提供经济“援助”，引起民进党上层的不满。终于在 2001 年 5 月底“中国钢铁公司”股东会前，民进党当局在各界强烈反对与质疑下，以王钟渝年事已高为由将其撤换，换上由李登辉亲信黄昆虎（“国策顾问”）、“总统府”秘书长陈哲男及南部钢铁巨子林义守等共同推荐的亲绿人士郭炎土（黄昆虎的外甥）出任“中国钢铁公司”第九任董事长，而且强调年近 64 岁的郭炎土年龄不是问题。

郭炎土接任“中国钢铁公司”董事长后，民进党高层与民意代表的利益“关说”不断，要求提供各种投资机会与选举经费支持。由于“利益要求”太多，郭炎土未能满足。特别是在 2001 年高雄市长选举中，郭炎土对民进党候选人谢长廷未全力支持，加上未对陈水扁“百依百顺”，民进党内要求撤换郭炎土的声音升高。更令民进党不满的是，郭炎土不积极支持谢长廷，而私下支持台联党“立法委员”，加上“扁李”之间一度出现矛盾，2002 年 12 月，郭炎土终于被民进党强行更换，成为民进党权力斗争的牺牲品，而更换理由也是“年龄偏大”。民进党这种此一时一个标准，彼一时一个标准的做法，受到岛内各界的强烈批评与指责。

新任董事长林文渊，是陈水扁的亲信，在 2000 年台湾领导人选举中担任陈水扁选举的“财务总管”。陈水扁上台后，林文渊先后担任“国营事业管理委员会”副主委与台电公司董事长，后因“断电事件”而下台。林文渊此时出任“中钢公司”董事长，陈水扁的选举考虑甚为明显。随后，林文渊开始肩负陈水扁南部地区的辅选重任。台湾媒体评论指出，“陈水扁在南部基本盘松动之际，林文渊临危受命，出掌中钢公司董事长，有意控制南台湾政经枢纽，适时稳住阵脚”①。另有学者指出，“与其说中钢董事长林文渊是一位杰出的企业经营者，不如说他是一位拥有高度政治敏感性的企业经营人才。林文渊与其他企业家最大不同之处，就是他浑身充满政治细胞。他懂得选举，了解政治又深谙财务操作，是陈水扁总统团队中不可多得的人才。林文渊无论在政坛或商场，拼缠的功夫了得”②。

阳明海运公司的“绿化”与人事调整时机也具有明显的选举考虑。该公司曾是台湾的一家大型公营企业，1996 年实现民营化，香港华懋集团曾投资阳明海运公司，一度持有 5% 的股份，目前仍有 3% 的股份，是阳明公司的大股东之一③。尽管如此，台湾“交通部”仍是阳明海运公司的最大股东，对人事与经营有主导权。原公司董事长为国民党时代官派的陈庭辉，在 2000 年台湾领导人选举中支持当政的国民党候选人连战。民进党上台后，考虑到这家知名国际大型海运公司的营运，并没有像其他公营大企业那样及时更换陈庭辉。然而就在 2004 年台湾领导人选举逐渐展开之时的 2003 年 6 月，在陈庭辉董事长任期还有一年之时，台湾“交通部”迅速做出决定，撤换了亲泛蓝阵营的陈庭辉，任

① 台湾《联合报》，2003 年 8 月 10 日。

② 李尚华：“林文渊借泄密报一箭之仇”，台湾《工商时报》，2003 年 8 月 10 日。

③ 台湾《工商时报》，2003 年 6 月 24 日。

命阳明海运公司前总经理、现任台湾航业公司董事长的卢海峰出任阳明海运公司董事长，外界解读为此举是为陈水扁选举连任铺路。就在卢海峰出任阳明海运公司不久，阳明海运公司首次在支持民进党与“台独”的《新台湾周刊》刊登广告，其负责人卢海峰的绿色立场表露无遗。与此同时，台湾“交通部”任命三功集团董事长谢修平以民股身份出任官方色彩浓厚的台湾航运公司董事长。媒体评论指出，“由于谢修平政商关系复杂，在总统大选前夕，由谢修平出任台航公司董事长，很难让人不做政商联想”①。

民进党当局对公营企业人事的全面更换与“绿化”，一直受到外界的质疑与批评。台湾《工商时报》的评论写到：“不论是经济部国营事业，持有官股的公民营行库，如第一银行的陈建隆、交通银行的郑深池、中华电信公司的贺陈旦、原华航公司总经理宗才怡等，都是“绿化”甚为明显的案例。有的与国王人马交情匪浅，有的原本就是金主，有的则是竞选班底，游内阁任内更有不少出自宜兰帮或台湾管理学会的成员”②。对于民进党“绿化”公营企业的目的与作用，台湾媒体也进行了剖析。台湾《财讯》杂志评论指出，民进党对公营企业的“绿化”，“除了酬佣功能外，扁系人马进驻国营事业的主要任务，一是接收、运用其庞大资源，以利政策执行及政权延续；二是解决许多国营事业经营不善、原有功能丧失的历史包袱，为阿扁政绩加分。”③

民进党对公营企业的“绿化”，除了掌控资源与选举等考虑之外，还有“政治酬佣”的考虑。一些公营企业的“绿化”，主

① 台湾《工商时报》，2003年6月24日。
② 台湾《工商时报》，2003年6月29日。
③ 田习如：“揭开阿扁国营事业接收术”，台湾《财讯》杂志，2002年5月。

要是为安排党内重要政治人物的退路或安抚在选举中失意的政客，具有某种“政治酬佣”性质。民进党执政后，官位资源虽然大幅增加，据统计大大小小有6000多个，但还是不能完全满足党内或对民进党走上执政舞台有所贡献的各方人士，于是公营企业就成为安排这些人士的重要去处。据报道，民进党当局经调查发现，公营企业负责人、董监事总计可安排上千人，于是便迅速对公营企业人事进行全面改组，逐渐换掉国民党的人马，换上政治立场显明的亲绿人士，或民进党党内尚未安置在“政府”部门的重要人物。许景河则是以“政治酬佣”形式进入公营企业机构的典型。1993年，许景河发起成立“澳洲昆士兰台商投资贸易协进会”（TABA，简称“台澳商会”），成为台澳经济交流与官方往来的重要管道。许与民进党关系密切，民进党当政后不久，许景河成为中华航空公司的监察人与台糖公司的董事，也被台湾“经济部”聘为“经济部”顾问。

公营企业的负责人及董事监事，不仅具有类似公务员的官方身份，而且待遇丰厚，许多大型公营企业主管的年薪超过数百万元新台币，台湾证券交易所董事长年薪更超过千万元新台币。特别是公营企业不论盈亏于否，企业负责人的高薪不受影响，因此不断引起外界质疑与批评，就连执政党民进党公职人士也对此表示了不满。民进党籍“立法委员”汤火圣召开记者会，公布“2002年国营事业高层待遇龙虎榜”，其中，公营企业薪水最高的是中华邮政总局高层年薪375万元新台币，“中油公司”负责人366万元新台币，台电公司、汉翔公司、基隆港务局以及“中央银行”等主管年薪都超过300万元新台币。此外，公营企业负责人的奖金与补贴也甚高，其中奖金排前3名的为花莲港务局局长奖金127万元新台币，基隆港务局局长奖金122万元新台币，中华电信公司董事长奖金 106 万元新台币。相比之下，台湾“院长级”年薪只有 365 万元新台币，“副院长级”为 243 万元新台币，显示公营企业的高层薪水偏高，要求“经济部”介入监督，调整这一不合理的薪水结构，避免拖垮财政[1]。公营企业负责人的分红与配股所得收入更为巨大，“中钢公司”董事长林文渊 2003 年薪水加上配股，年收入超过上千万元新台币。

正是因为公营企业待遇丰厚，民进党执政后，与当局关系密切的人士纷纷成为公营企业的董事与监察人。“世界台湾人同乡会”秘书长林又新出任“中油公司”顾问；曾为陈水扁撰写政策白皮书、坚决“反核四”的台北大学教授王涂发进入台电公司董事会；游锡堃的好友、台湾大学法律系教授叶俊荣等人出任台糖公司董事等。民进党就是通过这种方式安排对民进党或陈水扁当选曾有贡献的人士进入公营企业，享受高薪，这些人自然会全力支持民进党的执政，从而建立起密切的变相利益输送与政商结盟关系。

第四节　民进党政权的重要支持力量

民进党掌控公营企业后，这些公营企业及其负责人自然成为执政党的忠诚支持者，积极配合当局的施政，筹措财源，或直接提供经费，巩固民进党的执政地位。

---

① 台湾《中央日报》，2003 年 7 月 23 日。

树立公营企业成功改造的“典型”，宣传陈水扁“拼经济”的成果

民进党接手公营企业后，积极进行改革，裁减冗员，出售土地或财产，部分公营企业经营形势有所好转，从而成为陈水扁“拼经济”的重要成果，并通过媒体大肆进行报道与宣传。

陈水扁称赞公营企业改造成功，要公营企业扬弃旧思维，做到更新更快，以此表示民进党较国民党更有能力管理公营企业。2003年8月13日，陈水扁参观“中船公司”与唐荣公司时表示，2000年他上任时，12家公营企业有7家亏损，其中“中船公司”与唐荣公司的亏损就达100亿元新台币，现在这两家公司都已转亏为盈[①]。

国民党执政几十年，经营人才济济，没有搞好公营企业。民进党缺乏经营人才，执政能力不足，执政3年经济形势逆转，民营企业经营困难，为何公营企业有此佳绩？是不是民进党经营公营企业真的比国民党好？其实，台湾公营企业总体经营情况并没有大的改善，关键在于民进党比国民党更聪明，更会做“账面文章”，会宣传造势。

民进党执政后，大部分公营企业营业额持续下降，仍在亏损，如台电公司营业额从1998年的322亿元新台币降到2002年的313亿元新台币，“中油公司”营业额从214亿元新台币降到98亿元新台币，台糖公司营业额从175亿元新台币降到17亿元新台币，汉翔公司营业额从19亿元新台币降到不足2亿元新台币，台盐公司营业额从近9亿元新台币降到5亿元新台币，自来

① 台湾《联合报》，2003年8月14日。

水公司营业额从3亿多元新台币降到3000万元新台币[①]。只有“中船”、台糖、唐荣等少数几家公营企业经营情况有所好转于是民进党抓住这几个重点培养的所谓“转亏为盈”的公营企业大造声势，以显示民进党比国民党更有能力经营公营企业，企图为选举加分。事实上，这几家公营企业经营财务情况有所好转，除企业负责人勇于改革外，主要还是靠卖“祖产”土地、减薪裁员与减少编列退休金等方式实现的，目的就是要树立“典型”，为选举营造利多气氛。

就长期亏损的“中船公司”转亏为盈情况观察，原“经济部国营企业民营化小组”成员徐强出任董事长后，对长期亏损的“中船公司”进行改革，实施中船“再生计划”，大幅缩减人员与降薪，裁员比例达员工总数的45%，员工薪水下降35%，对改善企业的财务状况有很大助益。依统计，2002年，“中船公司”转亏损为盈，盈余额为3.5亿元新台币，2003年1－7月为2.6亿元新台币。不过，“中船公司”的改革与经营情况的好转，台湾当局的大力支持是重要原因之一。例如，台湾“经济部”“核能后端基金会”借垫90亿元新台币作为公司裁减员工的经费，若没有这笔巨额经费支持，人事改革很难推动。而且在民进党当局的支持下，“中船公司”不仅与德国、智利等外商公司签订了12艘集装箱船合同，而且从阳明海运公司与“中钢运通公司”等公营企业获得一大批订单，使得“中船公司”两年来签订的商船合同达44艘，订单金额超过500亿元新台币。2003年，“中船公司”又有望从军方接获上百亿元新台币的快艇订单。正是有当局的大力支持，中船公司才能摆脱困境，取得改革成效。

---

① 台湾《中央日报》，2003年8月15日。

台糖公司则是靠出售庞大的土地资产来改善账面赤字的。据报道，民进党前中央秘书长吴乃仁接任台糖公司董事长后，2001年，公司亏损额降到不足20亿元新台币，2002年实现17亿元新台币的盈余，创下50年来首次转亏为盈。其实，台糖公司账面财务状况的改善，全靠出售土地所得，不完全是吴乃仁经营有方。如2001年公司亏损19亿元新台币，若扣除出卖土地34亿元的收入，实际亏损达53亿元新台币；2002年实际亏损更达30亿元新台币，而不是所谓的实现17亿元新台币的盈余①。

再以唐荣公司为例。唐荣公司资本额为70亿元新台币，其中官股占70%（主要为台湾“经济部”、台湾银行、合作金库、土地银行与“中央信托局”），民股占30%（其中具公营背景的“中国钢铁公司”占8.5%），实际民股只占6%。公司负债从2002年的180亿元新台币降为2003年8月的158亿元新台币；2001年公司亏损23.7亿元新台币，2002年底开始转亏为盈，盈利4.1亿元新台币，预计2003年税前盈利达到15亿元新台币②。表面看上，公司实现了“转亏为盈”，但也是通过出售公司土地与结束亏损严重的部门实现的“账面盈利”。

2002年7月，投靠民进党的刘宪同出任唐荣公司董事长后，在民进党当局的支持下，先后将轨道车辆事业部、钢铁厂及运输处等亏损严重的部门转移民营，并裁撤了经营不善的部门，大大压缩了公司的规模。刘宪同不仅出售公司土地获利，而且还通过公营银行降低公司贷款利息等手段，使公司财务情况大为好转，其中仅利息一项就减少了5亿元新台币的债务。可见，唐荣公司的“转亏为盈”，更多的是当局的协助与出售土地补贴所致，而

---

① 台湾《财讯》杂志，2003年1月。

② 台湾《工商时报》，2003年8月15日。

非经营本身改善的结果。为制造转亏为盈的声势，唐荣公司继续大量出售土地，2003 年上半年已出售土地获利 10 亿元新台币，预计年底前还要标售土地，预计可再获利 10 亿元新台币。另外，唐荣公司还有两块近 50 公顷的土地，将被当局规划征收，预计可获得 65 亿元新台币的收入。

可见，民进党就是通过这种方式树立公营企业成功改造的“典型”，作为陈水扁“拼经济”的成果，进行宣传造势，为选举服务。

积极配合当局的财经政策，并为推行“金援外交”服务

公营企业担负有政治任务，常常须配合执政党的政策与施政。为配合当局“公投核四”停建后可能出现的电力紧缺，台电公司便提出发展电力工业计划，计划投资 250 多亿元新台币在东部兴建两座水力发电站，台糖公司计划参与投资两家民营天然气发电厂，以消除工商界对“公投核四”的疑虑。

为配合陈水扁“拼经济”的政策口号，公营企业加大在岛内投资，积极参与招商活动，以刺激经济景气。为配合当局的两岸经贸政策，公营企业不能像一般民营企业一样，到大陆投资与发展，只能配合“南向政策”与外交需要，不计成本与代价，到东南亚与中南美洲等地投资，结果导致公营企业经营亏损严重，竞争力难以提高。

公营企业在台湾还扮演特殊的对外经济援助与推动、巩固外交的特殊政治任务。国民党执政时期如此，民进党上台也是如此，而且有变本加厉之势。

民进党执政后，为巩固所谓的“邦交”关系，不惜代价，通

过公营企业扮演中介角色，向有关“邦交国”或其领导人提供大量金钱援助，一般内情外人难以知晓，只是在因利益冲突或被援助国内发生矛盾时，弊案爆发，外界才会发现台湾当局通过公营企业提供大量“金援”的内幕。

近年来，岛内外媒体不断报道台湾当局对“邦交国”领导人不当的“政治献金”丑闻。2002 年 4 月，外电报道，台湾当局通过“国安局”资助中美洲“邦交国”，其中尼加拉瓜前总统阿雷曼获得 1000 万美元，该国外交部获得 600 万美元。随后，又传出阿雷曼的基金账户中，收到从台湾汇入的 150 万美元。2003 年 8 月，再度传出哥斯达黎加总统帕奇科违法收受台湾提供的“政治献金”。在这几起“政治献金弊案”中，均由公营的台湾“中国国际商业银行”充当中介角色。据台湾金融界人士透露，台湾对“邦交国”的“金援”工作有一定的模式，负责提供“贷款”或汇款的银行包括“中央信托局”、输出入银行、交通银行、“中国国际商业银行”与台湾银行等官方色彩浓厚的金融机构[①]。

为配合当局的对外经济援助、“外交工作”或“南向政策”，公营企业还充当对外投资的角色。然而由于负有更多的政治任务，公营企业这种投资较少计算经济成本，导致对海外投资大多亏损，盈利者甚少。对外投资的公营企业以台糖、“中油”、台电、台盐与汉翔等公司为主。台糖公司在越南投资越台糖业公司，在澳大利亚投资亚洲农牧公司与台澳肉牛公司等，均长期亏损。“中油公司”投资越南台海石油公司与海外投资开发公司等，尤其是海外投资开发公司成立的目的就是为配合当局的“外交”政策，拓展东南亚与中南美洲的对外关系。尽管这些投资企业亏

① 台湾《联合报》，2003 年 8 月 22 日。

损严重，企业想撤资，但台湾“外交部”在政治利益考虑下，还是不让撤资，继续投资，以巩固与“邦交国”的关系或与有关国家建立更紧密的实质关系。

成为当局筹措财源与选举经费的重要途径

公营企业不论经营绩效如何，其财力依旧雄厚，不仅是当局重要的财政收入来源之一，而且是重要的选举经费来源。

公营企业是台湾财政收入的重要来源之一。特别是在财政税收减少的情况下，公营企业便成为当局筹措财源的重要途径。民进党执政后，财政形势进一步恶化，连续3年出现总计约9000多亿元新台币的财政赤字。另一方面，陈水扁为了2004年的选举连任，不断开出各种选举支票，承诺巨额社会福利与各种补贴，总金额超过1万亿元新台币。民进党当局面临严峻的财务与经费问题。

民进党怎样兑现选举承诺？最重要的手段就是在出售公营企业土地的同时，大量出售公营企业的股票，换取现金，弥补财政支出不足，满足选举的经费需要。特别是在民进党公营企业民营化的招牌下，公营企业通过出售股票成为当局筹措财源的重要手段。依据台湾“主计处”的财政预算与出售股票计划，累计出售股票预算达5200亿元新台币，目前已有效出售890亿元新台币，还有4300亿元新台币的出售股票预算，预计2003年底前出售1000亿元新台币股票。具体出售股票计划包括台电公司编列442亿元新台币，出售比例为9%；台湾烟酒公司编列303亿元新台币，出售比例为51%；合作金库银行出售股票30亿元新台币，出售比例为12%；台湾肥料公司出售股票20亿元新台币；“中钢公司”出售股票14亿元新台币；农工企业公司出售股票6亿元新台币；“中央再保险公司”出售股票5.7亿元新台币①。在“行政院”2004年度当局总预算案初步报告中，为弥补财政收入，公营企业出售股票的收入预计为1100亿元新台币。

特别是随着2004年选举时间的逐渐逼近，2003年下半年以来，民进党当局加速推动公营企业出售股票。7月份，台湾“交通部”在岛内外同时出售中华电信公司13亿股，增加财政收入600亿元新台币。8月初，台湾“经济部”又通过拍卖方式出售“中钢公司”官股5.7亿股，接着规划“中钢公司”发行“海外存托凭证”，售出9.6亿股，合计这两项可增加财政收入350亿元新台币。台湾“财政部”也规划台湾烟酒公司民营化，并放弃公开发行方式而采取特定人竞标方式，计划以每股17元出售17.8亿股，可回笼资金300亿元新台币。另外，中华航空公司与第一金融控股公司等公营企业也纷纷出售股票，回笼资金。另据报道，民进党执政3年来，大量出售官股，总计出售近60亿股，“国库”进账2573亿元新台币，打破历史纪录，其中2002年11月到2003年9月，共出售官股46亿元股，回笼现金1979亿元新台币②。

支持民进党的《新台湾周刊》对此并不回避，而是大加宣传。章筱孚在“国营企业释股，国库进账”一文对此作了说明。文章指出，陈水扁上台后，一直推动公营企业的“释股计划”，总计5000亿元新台币的“释股计划”进展不顺，直到2003年年中才开始好转，“释股机制”才再度启动，上半年包括“行政院开发基金”释出台积电“海外存托凭证”与中华电信公司释股等，增加财政收入近千亿元新台币，下半年“中钢公司”等公营

① 台湾《联合报》，2003年8月5日。

② 台湾《联合报》，2003年10月6日。

企业相继出售股票，预计可增加财政收入上千亿元新台币[①]。同时“开发基金”也将出售中华航空公司的投票，预计有 130 亿元新台币的收入。另外，还计划出售兆丰金融控股公司、合作金库银行、华侨银行与台湾银行等公营企业的公股投票，以回笼更多现金。

另外，通过处置公有资产，变相为选举筹措经费。民进党执政后，经济形势逆转，财政收入减少，为兑现选举支票承诺，民进党当局想尽一切办法筹钱，除公营企业出售股票与实施“库藏股”之外，又提出新的途径，即“行政院国家资产经营管理委员会”于 2003 年 8 月决议，收回公营事业与公立大学“低度利用与闲置之资产”，以增加财政收入。台湾“国有财产局”官员表示，长久以来，机关、学校对于公有资产运用一向缺乏成本概念，加上本位主义，不少机关、学校宁愿资产闲置、低度利用，甚至被占用，也不愿缴回“国库”，造成真正需要土地从事公务的单位，必须要编列预算，向民间承租土地的不合理现象[②]。这种看似合理解释的背后，则有着明显为兑现选举支票筹措财源的考虑。依其规划，当局完全持股的台湾烟酒公司、邮政总局、“中油公司”与台盐公司等必须向当局“缴回”1700 多亿元新台币的“财产”。同样许多公立大学的所谓闲置土地也将被强制收回，然后标售变现，换取现金，预计也有 1000 亿元新台币的收入。

民进党这一政策，缺乏法律基础，而且为选举筹措财源意味明显，因此引起外界的关注与不满。8 月 20 日，19 所公立大学发表连署声明，批评当局该政策“短视近利”，严重妨碍高等教育发展，阻碍台湾整体竞争力的提高，并有图利财团之嫌。台湾

① 台湾《新台湾周刊》，2003 年 8 月，第 384 期。

② 台湾《联合报》，2003 年 8 月 21 日。

教育部门也表示了反对意见。此举再次显示，民进党为了选举，为了筹钱，什么手段都可以采用。

由此可见，在台湾经济不景气、财政收入减少及无法满足支出与选举需要的情况下，出售公营企业股票或公有资产，就成为民进党筹措财源的最重要手段。

拉抬股市，为选举制造利多气氛

公营企业及与官方友好的民营企业通过种种手法支撑与拉抬股市，这是国民党执政时期的一贯做法。民进党上台后，继承了这一做法，而且进一步发挥，使公营企业成为民进党支撑股市、稳定经济的重要工具。

公营企业拉抬或操纵股市的方式是多种多样的，其中在股价大跌时期或在重要经济政策宣布时期等，进场大量购股，拉抬股市，是其普遍做法。近年间，公营企业不断采用“库藏股”制度来拉抬股市。

企业实施“库藏股”，原本是企业经营调整资本结构与财务管理的一种方式，但却演变成台湾当局变相的稳定股市的一种手段。“库藏股”，即企业在股价低于净值时购回自家的股票，一个重要目的是稳定股市。民进党上台后，推动企业实施“库藏股”的主要目的：一是方便对股市护盘，稳定股价与股市；二是发展衍生金融商品；三是解决集团关系企业交叉持股问题；四是避免公司倒闭及支撑股市交易。到目前台湾已有 442 家上市上柜公司选择实施“库藏股”，实施次数达 1112 多次①。不过，目前实施“库藏股”的企业，均是经营绩效较好的企业，而非股价大跌的

① 台湾《工商时报》，2003 年 8 月 18 日。

企业，因此与当初提出的目标设想有一定差距。特别是对于公营企业通过举债方式购买“库藏股”，外界一直持有怀疑态度，担心造成“钱进政府，债留企业”与“图利财团”。其中，中华电信公司积极争取实施“库藏股”引发极大争议。

在新一届台湾领导人选举活动逐渐展开之际，中华电信公司董事长贺陈旦不顾公司员工与工会的强烈反对，不仅于2003年7月15日发行“美国信托凭证”ADR，并在美国上市挂牌，展开大规模的筹资活动，而且大量出售股票，筹集660亿元新台币，另外举债400亿元新台币实施“库藏股”（即公司以保留盈余买回本企业的股票，然后办理股权注销，此次则向大股东“交通部”买回自家的股票），估计可筹集近上千亿元新台币的现金。此举表面上是加速企业的国际化与民营化，实际上则有政治考虑：一则是拉抬台湾的股市，为陈水扁选举营造选举利多环境；二则为陈水扁选举筹资。对此，中华电信公司工会与员工强烈反对。工会理事长张绪中指出，“中华电信买回库藏股的目的，不只是为了加速民营化，而是替扁政府筹募1000亿元的选举资金。中华电信举债买库藏股，是以股票换钞票及以钞票换选票的作为。因为以中华电信公司每股配发4元现金股利，实在没有理由实施库藏股，也违背了立法院要求经10次全民申购后，才能办理大额公开标购的决议”①。工会的担心还在于，中华电信公司实施“库藏股”后，持有中华电信公司13.5%股份的富邦与国泰两大财团，不用花一分钱，便可将中华电信公司的持股比例提高1.5%，未来很可能使中华电信公司被两大财团吞并，甚至可能向交通银行一样，由民间财团股东出任董事长。国民党主席连战

① 台湾《工商时报》，2003年6月24日。

批评指出，民进党执政后，中华电信公司以104元高价将股权出售给民众，却以49元低价卖654亿元的股权给财团。如今，中华电信公司又以高价向“交通部”购回股票，是典型的“五鬼搬运掏空公司模式”，实际上就是中华电信公司举债送钱给“交通部”，这无异于“债留中华电信”①。

另外，2003年10月初，兆丰金融控股公司投资50亿元新台币，大举购进25万张“库藏股”，创下金融控股公司执行“库藏股”买进最高数量纪录，占了该公司股本的2.26%。由于兆丰金融控股公司具有官方背景，董事长郑深池是陈水扁的好友，总经理林宗勇也被认为是“扁政府红人”，又是“国安基金”具体负责人，因此此时购进大量“库藏股”，与台湾选情有密切关系。

通过广告等方式支持民进党

台湾公营企业对执政党的经济支持，常常采取巡回方式，其中通过刊登广告变相支持是其重要手段之一。台湾最重要的“台独”刊物《新台湾周刊》发行量并不大，但却是支持民进党的重要政论刊物，其经费主要是来自公营企业的广告。台湾电力公司、中华电信公司、“中油公司”、中华航空公司、台湾银行、土地银行、兆丰金融控股公司、台盐公司、阳明海运公司等大肆在该刊刊登广告，以广告形式变相支持民进党与“台独”势力。其中不少公营企业是2003年下半年陆续加入刊登广告，也与选举有着密切关系。

中华电信公司是台湾最大的电信公司。民进党执政后，中华电信公司在贺陈旦出任董事长后，就成为民进党政权有力支持者

① 台湾《中央日报》，2003年8月7日。

与拥护者，而且担负着重要的选举重任。中华电信公司作为一个知名的电信大企业，最奇怪的是该公司较少在台湾知名财经刊物如《商业周刊》与发行量甚大的《联合报》等刊登广告，反而在发行量甚少的政治评论刊物、支持民进党与“台独”的《新台湾周刊》大幅刊登广告，不仅长期刊登，而且每期不只刊登一个版面，充分显示了中华电信公司的政治立场与对民进党的大力支持。另外，原来未在该刊刊登广告的阳明海运公司，在亲民进党的卢海峰于2003年出任董事长后，该公司便迅速在该刊刊登广告，其政治倾向与意图甚为明显。

由此发现，公营企业的大量出售股票动作与实施“库藏股”的效果是多元的，不是单一的，既能筹钱，又能拉台股市，还可与企业财团建立政商结盟关系，可谓是一举数得。

第五节　公营企业背后的政商关系

公营企业背身就是一个政商综合体。公营企业还通过与民营财团的相互合作与利益共享，建立起更为复杂的政商关系。

公营企业民营化本是改善企业经营问题的重要途径，但在台湾却变成公营企业的财团化或成为图利财团、建构政商关系的手段。其方式包括公营企业出售股权、发行债券、向特定对象出让公有资产等，其主控权掌握在官方手中，可通过私下运作图利关系要好的财团。

通过出售股票实现民营化的方式，与曾经的设想有相当大的距离。因为出售的股票，一般民众并没有按规定优先购买，大多数为大财团所取得，因此民营化变成财团化，成为执政党建立政商关系的最重要途径。国民党于上世纪80年代末期推动公营企业民营化，结果变为财团化，造成公有财产的流失，也引发不少官商勾结的丑闻。其中最典型的就是中华工程公司与“中国石油化学工业开发公司”，通过出售股权转民营化后，逐渐成为京华集团的子公司。在京华集团财务出现危机时，不断动用这两家公司的资源为自家企业的股票护盘，导致这两家企业经营逐渐恶化，未能达到民营化的效果。

民进党执政后，继续推动公营企业民营化政策，不断抛售公营企业股票，在民营化的口号下，公股股票大多落入亲绿财团之手，因而不断引发财团介入公营事业民营化与民进党通过出售公营企业股票图利财团的争议。台湾《新新闻周刊》刊登一篇财团介入公营事业民营化的材料，揭示了公营企业民营化背后复杂的政商关系与利益交换，其中包括富邦集团介入中华电信公司与“中央再保险公司”、霖园集团介入“中央再保险公司”、中华开发工业银行介入“中钢公司”、长荣集团介入“中央再保险公司”与兆丰金融控股公司、东南水泥集团介入台湾机械公司船舶厂、统一集团介入台湾机械公司钢品厂、年代集团介入台湾土地开发公司等公有企业股票出售案①。在这些财团之中，绝大分部是典型的“绿色”企业或财团，个别企业虽不是“绿色”财团，但幕后与民进党仍有密切的关系与往来。

另外，中华航空公司出售股票案也引起很大争议。台湾“交通部”与官方的“航空事业发展基金会”持有中华航空公司71%的股份，是第一大股东。2003年8月初，“航空事业发展基金会”有意出售36%的公股给“特定对象”，让新股东掌握中华航空公司的经营权，而且第一阶段公股出售对象排除公司员工认股，有

① 台湾《新新闻周刊》，2003年9月，第864期。

明显与财团勾结嫌疑，引起外界质疑。

“中钢公司”以发行债券等方式出售股票，大多由亲绿财团购入。2003 年 5 月以后，民进党当局不断出售“中钢公司”公股。一是 5 月由“行政院开发基金”通过发行“海外存托凭证”方式释出 2.4 亿股；二是 7 月“劳保局”申报转让“中钢”股票。三是 8 月 5 日至 8 月 8 日，“行政院开发基金”拍卖 5.7 亿股；四是 9 月计划在海外出售股票。至此，民进党当局总计出售的“中钢公司”公股占总股数的近 20%。这种做法未能公开化，一般民众不能认购，而且为财团提供了掌控“中钢公司”的机会。台湾媒体评论指出，“这些释出的中钢股票若全为扁政府亲近财团所掌握，加上国安基金与四大政府基金手上的中钢股票，扁政府可借由民营化达到筹钱目的外，明年中钢公司董事改选，外传由财团入主，中钢现任董事长将有可能成为民股代表，也避开了明年总统大选后董事长位置不保的可能。”①

2003 年 7 月，第一金融控股公司发行“全球存托凭证”，以增资发行新股的方式在海外发行，却有元大京华证券集团背景的海外子公司参与，并因折价发行，使得在海外购买比在岛内购买更便宜，引发第一金融控股公司发行“全球存托凭证”独厚特定财团的质疑。最后因复杂的政商利益关系，第一金融控股公司董事长、陈水扁的“金主”陈建隆被迫辞职。

台湾《联合报》在一篇题为“莫让公股沦为政商利益交换工具”的社论中指出，“政府以优惠价格释出重要事业公股给特定财团，既可借此拉拢企业，又可为明年总统大选预备退路，即使败选失去政权，仍可透过财团掌握这些重要事业的经营权；而释

① 台湾《联合报》，2003 年 8 月 5 日。

股收入还可为开出更多更大的竞选支票背书，正是进可攻，退可守的绝佳策略。因此，也为目前政府推动的公股释出计划，染上浓浓的政商利益交换色彩。”①。

可见，公营企业的这种大量出售股票行动具有高度的政治选举配合意味，因此才被外界批评为“贱卖国产”。这也是为何民进党当局急于将公营企业换上自己人的关键所在。就是这些人能够坚决执行上面的意志，推动出售公营企业股票的政策，还可与财团建立更密切的关系。

公营企业在民营化过程中，还存在官商勾结、挪用公有企业资产或转移公营企业资产给财团的弊端。台肥公司在民营化过程中，首任董事长谢生富利用 4 家子公司将台肥公司资产转移，爆发政商勾结丑闻，多位政商界人士涉案，最为典型。另外，“中船公司”也因涉及“核四电厂”利益勾结弊案，导致董事长与总经理双双下台。

通过公共工程利益建立政商关系，是民进党通过公营企业建立政商关系的另一重要途径。其中高雄市捷运工程的招标与公司的建立过程，充分体现了民进党善于运用公共资源与亲绿财团建立政商关系的做法。

高雄市捷运工程历经 10 余年筹备，于 2001 年 10 月正式动工。这一重大工程的背后，有着明显的政商关系影子，公营企业是高雄捷运公司的大股东，民间企业则多是亲绿财团。高雄捷运工程在招标中，由“中钢公司”与宏总集团两大势力主导竞标，最后由“中钢公司”为首的高雄捷运公司得标。该工程建设总经费达 1723 亿元新台币，扣除土地征收后，当局出资 1048 亿元新

① 台湾《联合报》，2003 年 8 月 6 日。

台币，民间出资305亿元新台币。大股东均是公营企事业，其中，“中钢公司”持股31.3%，荣民工程公司与“行政院开发基金”各持股10%，三者合计持股达51.3%，可以说高雄捷运公司是一家名副其实的公营企业。参与的民间企业实际投资不多，只占总股权的6%，而且许多资金是从台湾银行、合作金库等公营银行借贷而来的。这些投资的民间企业出资虽不多，但却有工程承包权，可以说参与投资的民间企业是投资少，商机大，是“稳赚不赔”的投资交易，因此外界质疑这一工程有明显的图利财团之嫌。

在当局出资的土建工程中，其中600亿元新台币为自办标的，公司股东可优先承包；其余447亿元新台币为开放招标，招标委员会由5人组成，分别是高雄捷运局局长周礼良、高雄市前“工务局”局长及现任都发展局长吴孟德、前“交通部”主任秘书钟善藤、高雄捷运公司副董事长陈敏贤与总经理赖献玉，清一色亲民进党人士。其中吴孟德是高雄市长谢长廷的忠实拥护者。5人小组唯一企业界代表陈敏贤，是亲绿的东南水泥集团第二代领袖人物。民进党执政后，陈敏贤转向支持民进党，在商界的地位也迅速提升，陈水扁南下高雄，陈敏贤是其必见的重要人士之一。前“行政院长”张俊雄出访加勒比海等国家，有6位企业家随行，陈敏贤是其中之一，而且是以“亚太公共事务论坛”董事长的身份参加（其余5位为工业协进会理事长李成家、电机电子公会理事长许胜雄、土地银行董事长魏启森与中小企业协会理事长戴胜通，均是一直与民进党关系密切的“绿色”企业家）。可见，高雄捷运公司背后有着复杂的政商关系与利益合作。

这一工程不仅是民进党通过公共工程构建政商关系的典型，而且还肩负着民进党“拼经济”与回报南台湾民众及稳定南部票源的责任。台湾媒体这样评价这一投资案："由中钢主导的高雄捷运工程，不但是南台湾重大公共工程，也是民进党在南部拼经济的一张重要成绩单"①。

另外，民进党通过公营企业的共同投资、出售出租公有土地等图利财团，以此建立政商关系。民进党上台后，拥有大量土地的台糖公司将大片土地低价出售给"绿色"财团烨隆钢铁企业集团。该集团董事长林义守与民进党关系密切，还曾出席民进党的竞选餐会。据报道，烨隆钢铁集团兴建的义守大学与义守医院租用的台糖公司土地月租金只有2元新台币，烨隆钢铁公司每月租金也不过4元新台币②，租金之低，让外界不可思议。此举显然是公营企业图利财团，目的是以公共利益建立与巩固政商关系。

表2-4 财团介入公营企业民营化情况

<table>
<tr><th>介入或获利财团</th><th>被介入的公营企业</th><th>介入方式</th></tr>
<tr><td rowspan="2">长荣集团</td><td>中华电信公司</td><td>购入公股，成为股东</td></tr>
<tr><td>兆丰金融控股公司</td><td>购入公股，成为股东</td></tr>
<tr><td rowspan="2">富邦集团</td><td>中华电信公司</td><td>购入以"盘后拍卖方式"出售的股票</td></tr>
<tr><td>"中央再保险公司"</td><td>购入公股，成为股东</td></tr>
<tr><td>霖园集团</td><td>中华电信公司</td><td>购入以"盘后拍卖方式"出售的股票</td></tr>
<tr><td>海山集团</td><td>台湾肥料公司</td><td>购入公股，成为股东</td></tr>
<tr><td>中华开发工业银行</td><td>"中国钢铁公司"</td><td>购入公股，成为股东</td></tr>
<tr><td>年代集团</td><td>台湾土地开发公司</td><td>购入公股，成为股东</td></tr>
</table>

① 台湾《财讯》杂志，2003年2月。

② 台湾《中央日报》，2003年10月7日。

续表

东南水泥集团	台湾机械公司船舶厂	以“特定对象”购入公股，成为股东
统一集团	台湾机械公司钢品厂	以“特定对象”购入公股，成为股
东诚旭投资公司	阳明海运公司	购入公股，成为股东
元大京华证券集团	第一银行	通过购买第一银行的全球信托凭证 GDR 获利，并成为股东

资料来源：台湾《新新闻周刊》，2003 年 9 月，第 864 期；台湾《中央日报》，2003 年 9 月 27 日。

第三章　“绿化”金融业与重建政商网

金融机构在现代经济中的地位与作用十分重要，对企业与整体经济运行影响重大。掌握了金融机构，也就掌握了经济的命脉。民进党执政后，在进一步巩固与本土金融企业关系的基础上，迅速掌握了资源雄厚的公营金融机构或准公营金融机构，并由此建立起一个新的庞大金融政商帝国。

第一节　台湾金融业的结构与实力

经几十年的改革与发展，台湾金融体系与金融业结构已发生很大变化。目前台湾金融业在结构上大致分为银行、保险（人寿与产物）、证券、票券、信托投资、投资信托等不同业务内容的金融机构。

银行业是台湾金融体系的主体。据统计，到2003年6月，台湾有一般银行52家（包括5家中小企业银行，不包括台湾“中央银行”），外商银行在台分行36家，国际金融业务分行71个。另外，台湾还有中华邮政公司储汇处（邮局1346个，代办处123个）、“中央存款保保险公司”与台湾证券交易所等金融机构。台湾还有庞大的基层金融体系。到2003年上半年，台湾有城市信用合作社37个，分支机构358个；农会信用部253个，分支机构

839 个；渔会信用部 25 个，分支机构 39 个[①]。这些基层金融机构具有复杂的政商关系网，也是一股重要的经济与社会力量。

台湾证券业范围广泛，包括了一般证券公司、票券金融公司、证券金融公司与信托投资公司等。台湾证券公司可分为证券经纪商、证券自营商、证券承销商、证券投资顾问与证券投资信托等不同业务的证券企业。80 年代中期以前，台湾只有 14 家专业证券经纪商与 14 家金融机构兼营的经纪商。此后，由于证券金融政策的开放，证券业获得快速发展，到 1990 年证券公司一举增到 381 家。然而，由于市场规模有限，竞争激烈，证券公司出现兼并或合并趋势，数量趋于减少，规模增大，目前证券公司在 190 家左右，其中大型证券公司包括元大京华、大华、元富、富邦、台证、群益、倍利、统一、金鼎、日盛、建弘、中信与太祥等。这些证券公司的分公司发展迅速，从 90 年代初的 30 多家增至目前的 1100 家[②]。

台湾票券金融公司是 90 年代后新兴的一种金融企业，主要从事各种证券的承销与交易，目前计有 14 家公司，分别为中兴、国际、中华、万通、万泰、台新、台湾、玉山、大中、富邦、中信、大庆、“中央”、联邦与力华等票券金融公司，其分支机构计 45 家。到 2001 年，14 家票券金融公司的资产总额达 2179 亿元新台币，资产净值 1271 亿元新台币，票券承销额 7.8 万亿元新台币，交易总额达 6.2 万元新台币[③]。

证券金融公司数量不多，目前只有 4 家，分别为复华证券金融公司、环华证券金融公司、富邦证券金融公司与安泰证券金融

① 台湾《金融统计月报》，2003 年 6 月。
② 台湾《金融证券年鉴》，2002 年。
③ 台湾《经济年鉴》，2002 年。

公司，主要从事融资融券业务。到 2001 年，4 家证券金融公司资产总额为 1382 亿元新台币，资产净值 428 亿元新台币，融资余额 661 亿元新台币，融券 2.5 亿股。

信托投资公司经过多年整合，目前只有 3 家，分别为中联信托投资公司、台湾土地开发信托投资公司与亚洲信托投资公司，分公司 34 家。到 2001 年，这三家信托投资公司的资产总额为 2218 亿元新台币，资产净值 168 亿元新台币，信托资金 1577 亿元新台币。

保险业是台湾另一大金融业。目前，台湾有人寿保险公司 29 家，分支机构 125 个，知名寿险公司包括国泰人寿、南山人寿、新光人寿、安泰人寿、“中国人寿”、富邦人寿、三商美邦人寿、保诚人寿等。其中，台湾寿险业资金运用总额为 2.7 万亿元新台币，行销人员超过 30 万人。台湾产物保险公司 24 家，分支机构 157 个，知名产物保险公司包括富邦产物、明台产物、新光产物、东泰产物、泰安产物、苏黎世产物、“中国产物”、华南产物、第一产物、友联产物、台湾产物、“中央产物”、太平洋产物、新安产物、国华产物等。

台湾投资信托业也是一项较新的金融业务，主要是经营各种投资基金，业务发展较快。到 2001 年，台湾有 41 家投资信托公司，投资信托管理资产规模达 1.8 万亿元新台币，累计复合增长达 506 倍，平均每年增长 44.3%；若以未来每年增长 20% 计算，估计到 2004 年，台湾基金管理资产规模可突破 3 万亿元新台币。其中，投资台湾股票的开放式股票基金 2262 亿元新台币，投资海外股票的开放式股票基金为 578 亿元新台币，两者合计占总基金规模的 16%；债券型基金规模达 1.4 万元新台币，占 80.2%；

债券股票平衡型基金占 1.7%；国际型股票基金占 3.2%[①]。

台湾金融业在性质上，可分为公营金融机构与民营金融企业两大类。公营金融机构是完全由当局控股的金融机构，董事长与总经理由官方指派。部分公营金融机构已民营化，但官股仍占有较大比重，当局对金融机构仍有较大的主导权。另外，台湾公营金融机构多持有民营金融企业不同数量的股份，常常是其大股东之一，对民营金融企业也有很大影响力。除了外商金融机构在台湾的分支机构外，台湾纯粹的民营金融机构并不多，这些金融企业或多或少都与官方有着密切关系。因此，可以说在台湾，官方完全掌控了金融机构。

台湾金融、证券业发展的一个主要特征是，除了公营与外商金融机构外，民营银行、保险、证券、投资信托等金融业企业均属不同的企业集团或多个集团共同所有，从而形成庞大的利益群体与经济力量。目前台湾的金融企业主要属于霖园、和信、富邦、新光、远东、统一、力霸、庆丰、日盛、宏泰建设、联邦建设、裕隆、元大京华、长亿、三商行、义美、永丰余、太子、华荣等集团。

台湾金融企业资产庞大，金融机构资产总额超过数十万亿元新台币，是任何产业所不能相比的。在台湾 300 多家大型企业集团中，前十大企业集团，金融企业集团就占了一半，分别为霖园、兆丰金控、富邦、新光、华南金控，其资产总额达 6.4 万亿元新台币，相当于台湾国民生产总值的 65%。如果将金融业务占有相当比例的和信集团与远东集团计算在内，则前十大企业集团中，金融业集团则占了 7 家。

① 台湾《经济年鉴》，2002 年。

在台湾整个经济活动中，金融业的地位十分重要，不仅攸关总体经济的稳定与发展，而且对企业经营活动有重大影响，这也是台湾当局长期严格掌控金融机构的原因所在。民进党当局也是如此，上台后尽最大努力“绿化”与掌控金融机构，与金融资本家建立紧密的合作关系，在维持金融业稳定与经济发展的同时，巩固新的政权。

第二节　官方控制金融业半壁江山

国民党执政前期，对金融机构控制相当严密，台湾主要金融机构银行、保险公司与证券公司等大多数为公营，只有少量的民营金融企业，对市场影响有限。

上世纪 90 年代初，台湾当局在经济自由化的大背景下推动公营企业民营化，在将部分公营金融机构转移民营的同时，逐渐开放民间设立银行、保险、证券、票券、信托等金融机构，使得台湾的金融体系结构发生重要变化，民间金融企业迅速崛起，实力增强。不过时至今日，公营金融机构的实力与影响力仍占重要地位。

公营金融机构包括了大型商业银行、专业金融机构、金融控股公司与其他金融机构（邮政储金汇业局、“中央信托局”、“中央再保险公司”与证券交易所）等。其中，公营银行是金融机构中实力最强的一个部门。目前公营银行包括台湾银行、“中央信托局”、合作金库银行、土地银行、“中国输出入银行”、交通银行、台湾中小企业银行、“中国农民银行”、“中国国际商业银行”等。另外还有许多官方控制的准公营银行，主要包括华南银行、第一银行、彰化银行、世华联合银行与华侨银行等。

公营银行资产总额庞大，不是民营银行所能相比的。在台湾《财讯》杂志公布的2002年台湾金融业经营情况中，资产总额排名前五位的均为公营或具公营背景的银行，分别为台湾银行、合作金库银行、台湾土地银行、华南商业银行与第一商业银行，5家银行资产总计8.4万亿元新台币，接近台湾国民生产总值。在2003年5月台湾《天下》杂志公布的台湾银行排行榜中，营业收入名列前10名的金融机构，除第9位为美国花旗银行外，其余均是公营银行或公股居主导地位的银行，分别为邮政储金汇业局、台湾银行、“中央信托局”、合作金库银行、土地银行、第一商业银行、彰化银行、台湾中小企业银行、“中国农民银行”，可见公营银行实力之强大。

台湾银行是台湾最大的公营银行，2002年资本额为480亿元新台币，资产总额达23215亿元新台币，是台湾银行业中资产唯一超过2万亿元新台币的银行，现任董事长为官派的陈木在。台湾合作金库银行是仅次于台湾银行的第二大银行，2002年资本额为221亿元新台币，资产总额18693亿元新台币，营业收入758亿元新台币，现任董事长为官派的梁成金。“中央信托局”是具“政府”功能的特殊金融机构，2002年资本额100亿元新台币，资产总额3781亿元新台币，营业收入831亿元新台币，前董事长为黄荣显，2003年8月由前外贸协会董事长许嘉栋接任。台湾土地银行是一个公营专业银行，2002年资本额250亿元新台币，资产总额为15444亿元新台币，营业收入672亿元新台币，现任董事长为亲绿学者魏启林。

“中国国际商业银行”是一大型公营专业银行，是国民党在大陆时期于1928年设立的。国民党退败台湾后，该银行于1950年在台复业，成为台湾重要的公营银行之一。2001年，“中国国际商业银行”资产总额达9029亿元新台币，分行65家。在香港《亚洲周刊》发表的2003年亚洲300大银行排行榜中，台湾“中国国际商行银行”资产总额260亿美元，客户存款153亿美元，纯利润1亿多美元，资产回报率为0.5%，总排名第76位。该银行通过不断投资与扩张，已形成“中国国际商业银行”集团，旗下关系企业包括了台湾票券金融公司、倍利国际证券公司、“中国物产公司”、雍兴实业公司、银凯公司等企业。其中，倍利国际证券公司旗下企业包括国际期货、国际证券投资顾问、国际证券全球控股、“中央国际投资信托”、中兴证券投资信托、中兴证券投资顾问、倍利证券投资顾问、倍利控股、倍利证券香港、倍利浩昌证券、倍利国际资产管理等公司。到2001年，集团资产总额达9113亿元新台币，在台湾企业集团中排名第6位，2002年达到9702亿元新台币；资产净值627亿元新台币，排名第40位；营业收入530亿元新台币，排名第43位。现任董事长为“绿色”企业家林宗勇。

台湾老牌民营银行（1992年开放民营银行设立前成立的银行）多有官方的影子。以华侨银行为例，目前虽为民营银行，但官股比例较大，“行政院开发基金”持股比例达20%。在2003年4月新一届董监事改选中，“行政院开发基金”代表获得6席董事与1席监事，并占5席常务董事中的3席，分别为钟苏生（前“中国国际商业银行”总经理）、陈嫦芬（“行政院开发基金”顾问）与赖镇戊（“中央银行”金融检调处副处长），其余两位是群略投资公司代表人吴青松与宝来证券公司代表人吴光雄。可见，“行政院开发基金”掌握了华侨银行的经营大权。

世华联合银行的官方色彩也很浓厚。该银行的大股东主要有两大势力，一是公营金融机构，二是蔡万霖、蔡万才兄弟所属的霖园集团与富邦集团。官方股东主要有台湾银行（7.13%）、“中国国际商业银行”（6.16%）、邮政储金汇业局（3.25%）、土地银行（1.94%）、合作金库银行（1.94%）、“中国农民银行”（1.94%）、交通银行（1.08%）、“中央信托局”（1.17%）与台湾中小企业银行（0.97%），合计股份达13.45%，对经营与人事有重大影响力。单一最大股东则为霖园集团的国泰人寿公司，持股9.62%，加上富邦产物保险公司3.31%与富邦人寿公司2.77%，蔡氏家族合计占15.8%。由于蔡氏家族的霖园集团与富邦集团均是典型的“绿色”集团，因此世华联合银行属于典型的“绿色”金融势力。

世华联合银行也具有很强的实力，已形成以该银行为中心的世华企业集团。2001年，集团资产总额为7194亿元新台币，在台湾企业集团中排名第8位，是台湾十大企业集团之一；资产净值699亿元新台币，排名第36位；营业收入421亿元，排名第53位。其中，世华联合商业银行资产总额达7073亿元新台币，占集团资产总额的98.3%；营业收入410亿元新台币，占集团营业收入的97.4%。该银行也是台湾大型银行之一，营业收入连续4年居台湾银行业排名的第11位。

在台湾新成立的14家金融控股公司中，第一金融控股公司与兆丰金融控股公司均是官方掌握的准公营金融机构。

兆丰金融控股公司是一个实力强大的金融帝国，也是民进党政权的靠山之一。该公司在组织结构上设有“五部一委”（即资讯部、财务控管部、事业发展部、管理部、风险控管部与风险管理委员会）与“六个专案工作小组”（企业金融业务专案小组、短期资金规划管理专案小组、征信业务专案工作小组、消费金融及信托业务专案工作小组、专业分工专案小组与债务业务专案工作小组)。旗下包括了交通银行、“中国国际商业银行”、“中国产物保险公司”、中兴票券公司、倍利国际公司等企业。这5家子公司是“四官一民”，即有4家为公营企业，只有1家为民营企业。分子公司下面还有孙子公司，从而形成一个关系复杂、规模庞大的金融体系。2002年，兆丰金融控股公司的资本额为1105亿元新台币，是台湾资本额最大的金融控股公司；资产总额15690亿元新台币（2003年达到16700亿元），居14家金融控股公司的第2位。

兆丰金融控股公司是典型的准公营金融企业。其中台湾“财政部”持有其9.94%的股权，“行政院开发基金”持股5.8%，加上中华邮政总局、“四大政府基金”、“国安基金”与台湾银行等公营部门的持股，总计广义官股超过20%①。兆丰金融控股公司的两大分子企业分别为具公营性质的交通银行与“中国国际商业银行”，估计广义官股占24%以上，因此兆丰金融控股公司实际上就是具官方背景的金融集团。

在兆丰金融控股公司人事布局中，隐藏着更大的政治动机与复杂的政商关系。2002年，台湾“财政部”依照陈水扁的旨意，任命长荣集团副总裁郑深池出任台湾交通银行董事长，引起很大争议。不仅因为郑深池是典型的“绿色企业家”，以前不曾从事有关金融业的经营与管理，而且郑深池任副总裁的长荣集团是交通银行的最大债务人，贷款总额高达150亿元新台币，存在着严重的利益冲突。民进党当局还是不顾社会各界的质疑与反对任命郑深池出任交通银行董事长。郑深池根据民进党上层指示，以交通银行为中心改组建立交通金融控股公司，随后改为兆丰金融控

① 台湾《联合报》，2003年5月23日。

股公司，郑深池出任董事长，2003年2月林宗勇出任总经理，两人均是与民进党关系密切的工商界领袖人物。

然而，这个以官股为主体的大型金融控股公司在2003年6月新一届董监事改选中，由台湾“财政部”主导，将现行的18席董事减少为15席，其中将现有官股董事10席减为6席，民股董事增加为9席，有意让只持有公司200多股的郑深池以民股身份出任兆丰金融控股公司的董事长，再次引起外界的强烈反对，不仅兆丰金融控股公司员工表达了不满与抗议，认为是“政府不当利益输送财团”，而且在野党的泛蓝阵营与学界也对此提出强烈批评。

民进党当局的此举，似乎与民进党“绿化”金融机构的一般做法有异，其实这是陈水扁有意长期掌控该金融机构的战略考虑。一是郑深池以民股身份出任兆丰金融控股公司的董事长，就不必到“立法院”接受质询，可以摆脱民意机构的监督。二是便于郑深池在选举中支持陈水扁，不会被贴上动用公家资源的标签。三是若陈水扁在未来选举中败选，郑深池不会受官股改派代表的影响，仍可成为陈水扁的支持力量。因此台湾当局的此一不寻常举动，才会引起外界的强烈质疑与广泛批评，人们不仅担心公有资产的流失与公营金融机构的财团化，而且不满政治势力的介入与官商勾结。

郑深池出任交通银行董事长及担任兆丰金融控股公司董事长以来，积极配合民进党的施政。2002年，台湾“行政院开发基金”拍卖出售“中国国际商业银行”190万张股票，拍卖总额近300亿元新台币，兆丰金融控股公司通过发行250亿元新台币公司债券的形式筹款，购买了104万张，总计260亿元新台币，意即兆丰金融控股公司通过向民间借钱筹款上缴“国库”，或者说台当局从中回笼了260亿元新台币的现金，以解决当局财政收入不足问题。同样，2003年初，台湾高铁公司（长期支持陈水扁的殷琪担任董事长）发行“特别股”，高铁公司五大民间股东反应冷淡，甚至亲绿的长荣集团也没有认购，而兆丰金融控股公司旗下的交通银行与“中国国际商业银行”合计出资40亿元新台币认购，也是对当局的另一种支持[①]。同时，兆丰金融控股公司还操纵股市，大力护盘，稳定股市。台湾媒体认为，“以兆丰金控郑、林两人与扁政府互动良好的关系来看，说不准，它还能成为政府体制外护盘政策的帮手”[②]。这一语道出了兆丰金融控股公司的配合当局施政的经济政治功能。

第一金融控股公司是官方控制的另一大型准公营金融机构，目前台湾“财政部”持有该公司近24%的股份。第一金融控股公司旗下事业包括了银行、保险、投资信托、证券等企业。公司规模庞大，资产总额达1.3万亿元新台币，员工6000多人，拥有190多个据点，10多个海外分公司，是台湾第3大金融控股公司。

第一金融控股公司首任官派董事长为陈建隆，与民进党关系尚佳的董瑞斌出任总经理。2003年7月，陈建隆在发行“海外存托凭证”时因弊案下台，由“绿色”金融企业的台新证券公司总经理谢寿夫出任第一金融控股公司董事长，以保持该企业的“绿色”背景。

---

① 台湾《联合报》，2003年5月23日。

② 台湾《财讯杂志》，2003年3月。

表 3-1　官股居主导权的部分金融机构（到 2003 年 4 月）

金融机构名称	持股人	持股比例
农民银行	“财政部”	44.99%
中央再保险公司	“财政部”	39.84%
第一金融控股公司	“财政部”	23.67%
彰化银行	“财政部”	23.41%
兆丰金融控股公司	“财政部”	9.94%
华南金融控股公司	“财政部”	2.1%

资料来源：台湾《工商时报》，2003 年 7 月 7 日。

第三节　金融机构的“绿化”

民进党执政后，对公营企业的掌控首先就是从公营金融机构的“绿化”入手，即运用行政权力，通过人事大幅调动，掌握官股主导的金融事业，并由此掌握了重要的经济资源与其他企业的命脉。

民进党上台一年时间，就换掉了官方主导的 17 家银行中的 16 位董事长、总经理、副总经理及 24 位董事与监察人，全部 184 席官股代表中换了 78 席，其中大多数换成陈水扁的支持者或亲信。此后，民进党当局又持续更换，到目前，有官方背景的金融机构已几乎完全由民进党的人士掌握。公营金融机构“绿化”较典型者有：在 2000 年选举中支持陈水扁的富邦银行董事长俞政与陈水扁财经智囊胡胜正任“中央银行”理事，长期支持民进党的国泰医院董事蔡镇宇与陈水扁“农业政策白皮书”撰稿人之一的陈希煌任“中央银行”理事，竞选“国政顾问团”成员林全与陈水扁财经幕僚之一的陈正澄任“中央银行”监事；陈水扁密友黄维生与民进党“立法院”党团预算中心主任江昭仪出任第一银行监察人，陈水扁财经幕僚林庆宏任第一银行董事；支持陈水扁的“福尔摩沙基金会”成员陈秀雄、陈水扁财经幕僚林筠及支持民进党的吴寿山等出任华侨银行董事；支持民进党的龚金源、黄芳彦、郭建中与许松根等任台湾中小企业银行董事；陈水扁的重要智囊张清溪与庄胜荣任彰化银行董事；倾向民进党的魏启林任土地银行董事长；民进党推荐的“国安基金委员”林苍生任台湾期货交易所董事；陈水扁“财经政策白皮书”起草人之一的康荣宝任证券柜台中心董事；陈水扁的“金主”陈建隆出任第一银行董事长、有陈水扁“国师”之称的林钟雄任证券交易所董事长、陈水扁好友郑深池任交通银行董事长等。尽管后来一些金融机构人事有所调整，但仍以亲绿人士担任。

民进党上台执政之初，金融人才缺乏，不足以完全掌控庞大的金融机构，于是陈水扁任用一批在外资金融机构任职的亲民进党专业人士进入公营金融机构。钟苏生是陈水扁从外商银行招任的第一位专业经理人员。钟苏生曾在台湾“经建会”工作，后到外商银行任职多年。早在陈水扁担任台北市长时，陈、钟两人就建立了友好关系。陈水扁当政后，为推动金融改革，积极寻找金融专业人才，钟苏生就是陈水扁聘任的第一位外资银行的专业经理人员，于 2001 年 4 月出任“中国输出入银行”总经理。2003 年，钟苏生又以官股董事的身份，奉命出任华侨银行董事长。

同样曾在外商银行任职的龚照胜，与民进党当局关系良好。据报道，在 2000 年台湾领导人选举时，陈水扁曾邀台湾外资企业主管餐叙，时任帝杰投资银行台湾区总裁的龚照胜出席，是为数不多的外商代表之一。陈水扁当选后，龚照胜促成帝杰公司总裁访台，是陈水扁当选后第一个接见的外资高层主管，龚照胜开始受到陈水扁的重用，出任台湾证券交易所董事，同时还担任台湾智库董事等职。龚照胜也积极配合当局经济政策，协助有关部门赴欧洲招商等。

另外，民进党上台不久，就任命比利时联合银行执行副总经理吕桔诚出任中华电信公司与中华航空公司两大公营企业的董事，2001 年 7 月又出任中华电信公司执行副总经理，进入绿色阵营。随后，吕桔诚出任“经济部国营事业委员会”副主任委员，2003 年 6 月又出任土地银行总经理。吕桔诚与陈水扁是同乡，与民进党高层关系密切，是亲绿智库“台湾管理学会”的成员。

由此可见，民进党通过“绿化”金融企业，逐渐掌握了金融机构的大权，并由此建立起庞大的政商关系。

第四节　强夺金融企业权力

民进党对金融机构的“绿化”，有时变为对金融机构权力的激烈争夺。其中对中华开发工业银行与中华开发金融控股公司的人事介入与幕后掌控，不仅是民进党“绿化”金融机构的典型，而且是一场赤裸裸的权力较量。

中华开发工业银行曾是一个以国民党党营事业为大股东的民营银行，是李登辉时代刘泰英“金权帝国”的象征，也是下台后李登辉及其台联党的重要经济来源之一。

中华开发工业银行在国民党时代一直扮演着维持国民党当局与大型企业集团合作关系的功能。该银行属投资性银行，投资的企业达 500 多家，涉及半导体、通讯、网络、光电与软件等许多高科技或新兴产业，其中许多投资是带有“政策性”的稳定经济的政治任务，因此造成中华开发工业银行的巨额亏损。为配合李登辉提出的“公宅计划”，中华开发工业银行于 1994 年以市价 5 倍的价格买下新竹县 60 多万平方米的地皮，后因计划修正，至今未收回投资。1998 年，为了协助国民党当局遏制大型企业财务危机，中华开发工业银行积极为安峰、威京、东帝士等集团提供数十亿元新台币的援助贷款，大多成为坏账。到 2002 年第 3 季度，中华开发工业银行投资合计亏损达 110 亿元新台币。

刘泰英通过这些大量带有政策性投资或感情投资，进一步巩固了以中华开发工业银行为中心的政商集团。许多大型企业集团负责人与政界人物成为刘泰英的保护者或支持者。刘泰英也因此成为昔日台湾“一人之下（李登辉），千万人之上”的红顶商人与风云人物。

民进党上台后，开始了对金融机构的“绿化”行动。作为具有国民党党营色彩的中华开发工业银行，民进党也不会放过，试图通过亲民进党的中华开发工业银行总经理胡定吾取代刘泰英的董事长宝座，陈水扁还亲自介入这一人事安排。这一举动引起曾权倾一时的刘泰英不满，他通过李登辉与民进党高层进行幕后协商。陈水扁考虑到李登辉的影响与合作关系，双方有所妥协，达成继续维持中华开发工业银行现行的“李胡体制”协议，即继续由刘泰英任董事长，胡定吾任总经理。

2001 年 6 月 20 日，中华开发工业银行进行新一届董监事改选，刘泰英由于取得了官股委托书，并在亲刘董事支持下，顺利当选董事长。当选后的刘泰英，不满胡定吾曾有意夺权的阴谋，甚至不买陈水扁的账，违背双方协议，未续任胡定吾担任银行总经理。这不仅让胡定吾企图当董事长的理想破灭，而且留任总经理宝座的愿望也告落空，更让陈水扁处于尴尬境地。刘泰英此举，触怒了陈水扁，埋下了刘泰英最终被赶下台的隐患。

随后，刘泰英主导中华开发工业银行，结合其他金融机构，成立了中华开发金融控股公司，并担任董事长。然而，民进党当局却在伺机清除心腹大患刘泰英，以举完成“绿化”这一金融机构的目标。时机终于到来，刘泰英卷入一起影响巨大的“新瑞都工程开发弊案”，民进党借机对刘泰英展开一波又一波的调查行动。经一番调查取证，2003 年 6 月，台湾检察部门起诉刘泰英涉及“新瑞都佣金案”、“尖美佣金案”、“台风佣金案”、“东隆五金佣金案”、“中广售地案”、“内线交易案”、“非法收购委托书案”等 12 起重大经济弊案，并以涉嫌“背信”、“侵占”与“伪造文书”等罪名进行起诉，并求刑 12 年。刘泰英虽然以 6000 万元新台币的巨额赎金获得保释，免了一场牢狱之灾，但却没有了昔日纵横商场的风光。

不过在董事长任期届满前，刘泰英依法仍是中华开发金融控股公司与中华开发工业银行的董事长，而且并无主动辞职之意。民进党当局为了掌控中华开发金融控股公司，则不断对刘泰英施压，要求其主动辞职，甚至通过调查中华开发工业银行大股东、刘泰英好友、润泰集团总裁尹衍梁等人，以釜底抽薪的方式迫其辞职。

在润泰集团代表相继辞去中华开发金融控股公司董事与当局的强大压力下，刘泰英终于被迫于 2003 年 6 月 20 日宣布辞去中华开发金融控股公司与中华开发工业银行的董事长一职。他在书面辞职声明中写到：“缘起缘落，来去自如”，显示了他的无奈与江山已去的悲凉。台湾媒体这样评论到：“2003 年 6 月 20 日，不仅是民进党绿色执政‘终结’国民党金权政治时代的里程碑，而且是民进党绿色势力掌控中华开发金融控股公司的胜利之时”。

在随后召开的董事会上，中华开发工业银行大股东之一的陈敏薰出任中华开发金融控股公司董事长，胡定吾出任中华开发工业银行董事长，随后又通过由曾在大安银行担任总经理的赵元旗任两公司的总经理。如今，中华开发金融控股公司终于成为民进党政商关系的大本营。新任中华开发金融控股公司董事长陈敏薰，是在与民进党上层幕后协商的基础上及在台湾“财政部”的扶持下出任董事长的，从此成为亲民进党的人马。不久，陈敏薰参加了陈水扁的“凯达格兰学校”学习班。陈敏薰为了巩固自己的权力，不断邀宴民进党政党高层和金融界高层主管，积极与民进党当局建立关系。接着，在花莲县县长补选中，陈敏薰首次公开为民进党候选人游盈龙站台助选，正式成为民进党的支持力量。

中华开发工业银行董事长胡定吾更是典型的亲绿人士，是陈水扁与民进党极力推荐的人物。台湾媒体这样评价胡定吾：“胡定吾能因应政治变迁，游走蓝、绿阵营”，认为他是手腕高超的商人，“深谙政治身段”。胡定吾尽管曾有“蓝色”的背景，与国民党中生代精英关系不错，他的父亲胡忻将军曾是蒋经国的侍卫长，但这并不影响胡定吾向绿色阵营靠拢，变为民进党政权的有力支持者。

中华开发金融控股公司“陈胡体制”的形成，标志着一新的“绿色”金融集团的诞生，也标志着民进党一个新的政商关系网的形成。

第五节　新兴金融集团多有“绿色”背景

民进党上台后，为推动金融机构的跨业经营，提高金融企业的竞争力，积极推动成立金融控股公司。到目前，台湾已成立14家金融控股公司，分别为国泰金融控股、新光金融控股、富邦金融控股、兆丰金融控股、“中国信托金融控股”、华南金融控股、台新金融控股、第一金融控股、建华金融控股、中华开发金融控股、日盛金融控股、玉山金融控股、复华金融控股、国票金融控股等，这14家金融控股公司就是14家大型金融集团。到2002年，这14家金融控股公司的资产总额达113295亿元新台币，而同年台湾国民生产总额还不到10万亿元新台币，即超出台湾国民生产总额1万多亿元新台币，其实力之强，可见一斑。

在这些金融控股公司中，除兆丰金融控股公司与第一金融控股公司是具官方背景的金融控股公司及中华开发金融控股公司已被“绿化”外，国泰金融控股、新光金融控股、富邦金融控股、台新金融控股、日盛金融控股等则是典型的“绿色”金融控股公司，其他金融控股公司也与民进党当局有着良好的互动关系。

国泰金融控股公司是霖园集团的下属企业，董事长为蔡宏图，与陈水扁关系要好，是支持民进党的企业界重要人士。国泰金融控股公司是台湾最大的金融控股公司，所控子公司包括了国泰人寿保险公司、世华联合商业银行、国泰世纪产物保险公司与国泰商业银行等企业。2002年，国泰金融控股公司资产总额达21183亿元新台币（约700亿美元），是台湾14家金融控股公司中资产总额唯一超过2万亿元新台币的金融控股公司；客户总数达1030万人，就是说台湾每两个人中就有一个是该公司的客户；分子企业或分行达579个①。

富邦金融控股公司则是台湾第3大金融控股公司，蔡万才任

① 台湾《商业周刊》，2003年4月。

董事长，两个儿子蔡明忠与蔡明兴为共同执行长，蔡氏父子 3 人均与陈水扁、民进党关系深厚。富邦金融控股公司旗下金融企业包括富邦人寿、富邦产险、台北银行、富邦银行、富邦证券、富邦票券与富邦投资信托等 7 家企业，资产总额为 11574 亿元新台币（约 400 亿美元）；营业收入 1374 亿元新台币，税后利润 94 亿元新台币[①]。

中华开发金融控股公司是已被“绿化”的民营金融集团。2002 年，中华开发金融控股公司资本额为 1077 亿元新台币，仅次于国泰金融控股公司，居第 2 位；资产总额为 2739 亿元新台币，排名第 11 位；营业收入 178 亿元新台币，排名第 10 位。2003 年 6 月，在台湾当局的主导下，公司人事进行了大幅改组，新任董事长为陈敏薰，总经理为赵元旗。旗下控股企业包括中华开发工业银行、菁英证券公司、大华证券公司、大华期货公司与大华投资顾问公司。

台新金融控股与新光金融控股两个金融控股公司均属新光集团。新光集团是台湾本土性大型企业集团，由吴火狮所创立。吴火狮去世后，由其 4 个儿子吴东进、吴东贤、吴东亮与吴东升共同经营。吴氏家族与民进党关系密切，也属典型的亲绿财团。台新金融控股公司董事长为老三吴东亮。该金融控股公司下属企业包括台新国际商业银行、台证综合证券公司与台新票券金融公司等，其中，台证证券公司总裁为台联党政策会执行长与“立法委员”吴东升，充分显示了台新金融控股公司的“绿色”背景。2002 年，台新金融控股公司资产总额 5557 亿元新台币，营业收入 423 亿元新台币，是台湾第 8 大金融控股公司。在第一金融控

---

① 陈雅慧：“新富邦掌控金融与电信之后”，台湾《天下》杂志，2003 年 7 月。

股公司董事长陈建隆被解职后，台新金融控股公司总经理谢寿夫接任，使得台新金融控股公司与民进党的关系更加密切。

新光金融控股公司董事长为吴东进。其下属子公司包括新光人寿保险公司与新光综合证券公司等。2002 年，新光金融控股公司资产总额 6079 亿元新台币，排名第 6 位；营业收入 1983 亿元新台币，排名第 3 位。

中信金融控股公司是台湾第 6 大金融控股公司，2002 年资产总额为 9366 亿元新台币，营业收入 649 亿元新台币。董事长为辜濂松，虽为辜振甫家族，也是国民党要员，属泛蓝阵营，但与民进党也维持相当友好的关系。由于辜氏家族的影响力，辜濂松在民进党执政后仍受到重视，被聘为“国策顾问”。

日盛金融控股公司，属“绿色”的日盛证券集团，董事长为陈国和（霖园集团蔡万才哥哥蔡万春的女婿），与民进党关系密切。旗下分子公司包括日盛国际商业银行与日盛证券公司等。2002 年，公司资产总额 2395 亿元新台币，营业收入 158 亿元新台币，属小型金融控股公司。

玉山金融控股公司属中小型金融控股公司，其子公司有玉山银行、玉山票券公司、玉山证券公司与玉山投资信托公司等。2002 年，玉山金融控股公司的资产总额为 2844 亿元新台币，营业收入 157 亿元新台币，是第 10 大金融控股公司。核心公司为玉山银行，前任董事长林钟雄是民进党的大力支持者。玉山金融控股公司董事长为黄永仁，来自前公营的华南银行，而且公司不少高级主管也来自华南银行，因此与官方关系密切。特别是玉山银行的大股东是国泰集团，握有 3 席董事，虽不能兼并或完全掌控玉山金融控股公司，但却对公司经营有相当大的影响力。

第六节　本土金融集团与民进党关系密切

台湾民营金融企业，多是本土性企业，与强调本土性的民进党关系一直较为密切。尤其是台湾本土性金融企业集团家族性甚强，典型者包括霖园集团、富邦集团、新光集团、中信集团、大众银行集团等。

台湾金融企业集团实力最强的是霖园集团与富邦集团，被认为是长期支持民进党的企业集团。这两个集团原为一个集团与一个家族，即蔡万春领导的国泰集团。1979 年，原国泰集团创始人蔡万春患病后，将集团“六分天下”，由蔡氏家族不同成员分别接管不同的事业，独自发展。其中二弟蔡万霖分得国泰人寿、国泰建设、三井工程等企业，号称“国泰人寿集团”，后改为霖园集团；三弟蔡万才分得国泰产物保险、富邦建设、富邦租赁等企业，号称“国泰产物集团”，后改为富邦集团；小弟蔡万德因不善经营，分到的企业不多，规模较小；蔡万春长子蔡辰男一系，分得国泰信托、树德工程、来来香格里拉饭店、国信食品等企业，号称“国信集团”；次子蔡辰洲一系分得台北市第十信用合作社、国泰塑胶、国际海运、理想工程与国玺印刷等企业，号称“国塑集团”；蔡辰洋、蔡辰鸿与蔡辰威等三个小儿子分得来来百货公司与来来建设公司等企业，号称“兴来集团”。蔡氏家族分家后，各系人马经营的事业发展差异甚大，其中以蔡万霖的霖园集团与蔡万才的富邦集团发展最为迅速，实力最为强大，成为台湾最具影响的民营企业集团，而且均是以金融业为主的企业集团。

霖园集团是台湾最大的企业集团之一，尽管只有 20 家分子企业，但资产总额达13945亿元新台币，营业收入达1851亿元新台币，均高居台湾企业集团第2位，即为台湾第二大企业集团。其中，以国泰人寿保险公司为核心组建的国泰金融控股公司，是台湾最大的金融控股公司，而且已成为霖园集团旗下一个新的金融企业集团。目前国泰金融集团的董事长为蔡万霖次子蔡宏图，名誉副董事长为三子蔡镇宇。蔡氏父子与民进党关系密切，尤其是蔡宏图与陈水扁是学友，关系深厚，长期支持陈水扁与民进党。蔡万霖也在民进党执政后，被陈水扁聘为“总统府资政”。

富邦集团是台湾超大型企业集团之一。到2003年，富邦集团资产总额为14000亿元新台币，相当于台湾国民生产总值的六分之一，资产规模在台湾企业集团中高居第4位，仅次于霖园集团、公营的兆丰金控公司集团与王永庆的台塑集团。2002年，集团税后利润近260亿元新台币，居台湾最赚钱的企业集团第2位，仅次于老牌的台塑集团。

富邦集团旗下事业众多，目前已形成两个新的次集团。一是富邦金融集团。上世纪90年代后，富邦集团在金融领域迅速扩张，逐渐建立起包括保险、银行、投资信托、证券、票券、期货、投资控股与创业投资等在内的“金融帝国”。据统计，1992年到2002年，富邦集团资产增长了24倍，营业收入增长了6倍。二是富邦电信集团。富邦集团通过分子企业或家族自然人投资持股，逐渐兼并控制了台湾大哥大公司、台湾固网公司、泛亚电信公司等大型电信企业，一举成为台湾最大的民营电信企业集团。这两个次集团拥有庞大的客户群。其中富邦金融控股公司拥有500多万个客户，台湾大哥大公司有600多万个行动电话客户，足以显示富邦集团在金融、电信领域的影响力巨大。

富邦集团是有名的“绿色”企业集团，长期支持民进党。民进党执政后，蔡万才被陈水扁聘为“总统府资政”，这是一种特殊的政治待遇，也是一种对富邦集团长期支持民进党的一种回报与肯定。蔡万才则继续支持陈水扁连任。2003年4月，在“连宋配”定局及民调支持率领先陈水扁的情况下，蔡万才公开支持陈水扁连任，强调“改革至少要作二任八年，否则四年换一个政党，很多措施只作一半，公务人员及人民对政策都将无所适从”①。这是继大众电脑集团董事长简明仁公开支持陈水扁连任后，台湾第二个大型企业集团负责人公开支持陈水扁连任，因此格外引人关注。随后，富邦集团积极配合台湾当局的公营企业“释股政策”，购买中华电信公司的“库藏股”。这样中华电信公司就可换得巨额现金，为陈水扁的选举提供经费支持。

与蔡氏家族有姻亲关系的日盛证券集团也是一个“亲绿色”的金融集团。该集团与蔡氏家族有多重姻亲关系。蔡万春儿子蔡辰洲的妻子是陈氏家族陈国和的姐姐；蔡万春女儿蔡淑媛是陈国和的妻子。日盛证券集团的创始人则是陈国和的弟弟陈士元，曾任日盛证券公司的董事长。90年代初，陈士元病逝后，由于膝下无子，便由他的哥哥陈国和接班，出任日盛证券公司的董事长。进入90年代后，日盛证券集团相继成立日盛国际商业银行（1992年成立的宝岛银行，2001年更为现名）、日盛嘉富国际有限公司（1993年）、日盛期货股份有限公司（1994年）、日盛嘉富证券（亚洲）有限公司（1995年）、日盛证券投资信托股份有限公司（1996年）、日盛国际资产管理有限公司（1998年）等，逐渐成为台湾金融企业集团。2000年以后，集团业务领域进一步扩大。一是成立日盛产物保险代理公司与日盛人寿保险代理公

① 台湾《工商时报》，2003年4月20日。

司，进入保险代理领域；二是设立日盛创业投资股份有限公司，进入创业投资领域；三是迅速向海外扩张，先后成立日盛证券欧洲、日盛证券美国、日盛证券英国等有限公司。2001年，日盛证券集团将下属的宝岛银行、日盛证券、日盛投资信托与投资顾问、日盛租赁等关系企业整合，成立以银行与证券为主体的日盛金融控股公司。目前，日盛证券集团有27家分子企业，经营涉及证券、期货、银行、租赁、保险、投资控股等领域。到2001年，集团资产总额为2315亿元新台币，资产净值350亿元新台币，营业收入178亿元新台币，是一个大型金融企业集团。

支持民进党或与民进党关系密切的其他金融机构还有高雄银行、富邦银行、诚泰银行、阳信银行、大众银行、万通银行、安泰银行、国泰人寿保险公司、富邦产物保险公司、新安产物保险公司、明台产物保险公司、新光产物保险公司、富邦证券金融公司与富邦票券金融公司等。在这些金融机构中，有不少企业如高雄银行、富邦银行、诚泰银行与新安产物保险公司等经常在支持民进党与“台独”的刊物《新台湾周刊》上刊登广告。

大众银行是南台湾知名的民营银行，由高雄市第一大家族陈田锚家族所控股，目前，陈田锚任大众银行董事长，次子陈建平任常务董事与执行长。陈田锚是国民党中常委，曾任高雄市议长长达32年，创下台湾任议长历史最长的纪录，在南台湾政坛影响巨大。不过，陈田锚是本地人，与李登辉、陈水扁等关系十分密切，与民进党走得也较近。在2001年台湾“立法委员”选举中，由于内部矛盾，陈田锚支持台联党的候选人，而未支持国民党提名的候选人。因此，大众银行也有“绿色”色彩。

安泰银行是台湾“三重帮”宏泰集团的下属金融企业之一，董事长为宏泰集团董事长林堉璘，总经理为前世华银行副总经理蔡清云。该集团其他金融事业还有安泰证券金融公司、宏泰人寿公司与群益证券公司等企业。“三重帮”下属的宏泰、宏国与联邦三大集团均是本土性、家族性甚强的地方财团，与李登辉关系密切。其中联邦建设集团董事长林荣三主导的《自由时报》已成为支持民进党与“台独”的大报之一。宏泰银行的“绿色”背景也就一目了然。

台北银行是一大民营银行，股本200多亿元新台币，总市值280亿元新台币。这一银行是由新光集团吴火狮家族、永丰余集团何寿川家族、连战家族与工业银行董事长骆锦明父亲等台北政商名流共同发起成立的金融机构，连战家族早已淡出，目前大股东包括何寿川家族、骆锦明家族、林宏家族与新光吴氏家族等，多亲绿色阵营，基中董事长为永丰余集团董事长何寿川[①]。在2003年5月新一届董事改选中，新光集团取得25席中的7席董事与1席监察人，对银行有较大主导权，使其色彩更加偏绿。目前，富邦银行积极购并台北银行，台北银行很可能成为富邦集团的分子企业。

大安银行属义美集团所有，董事长为义美集团副董事长高志尚，是知名的“绿色”企业家。2001年，大安银行有分行35家，资产总额为2211亿元新台币，资产净值170亿元新台币。

由此观察，台湾金融企业多是本土性企业，较倾向支持民进党。

第七节　“绿色金融家”的崛起

民进党执政后，台湾金融界涌现出一批支持民进党的“绿色

① 台湾《财讯》杂志，2003年6月。

金融家”，成为民进党政权最坚定的支持者与同盟军，极力配合当局的财经政策。这批“绿色金融家”以诚泰银行董事长林诚一、第一银行前董事长陈建隆、兆丰金融控股公司董事长郑深池、阳信商业银行董事长陈胜宏与中华开发金融控股公司陈敏薰等为代表。

第一银行前董事长陈建隆

陈建隆被认为是民进党的首席“绿色金融家”。陈建隆，1947年出生于台北，台湾大学工商管理系毕业，曾在台湾中国信托公司任职，后到美国发展，先后任职于美国洛克威尔国际集团与华尔街证券投资公司等企业，长期在海外支持台湾的党外运动与民进党。据报道，今天民进党内不少高层人士，当年均不同程度的接受过陈建隆的资助。1999年，高雄市长谢长廷力邀陈建隆回台，并出任高雄银行董事长。陈建隆任内，对高雄银行大力改革，积极处理坏账，逐渐打响在台湾金融界的名号，而且成为民进党依靠的金融界领袖人物，开始扮演民进党政商界的重要角色。

为了支持谢长廷与民进党，陈建隆还与谢长廷竞选高雄市长时的“后援会”会长张志荣等共同发起成立了“十八罗汉会”，成员除陈、张两人之外，还包括了谢长廷的长期“金主”及高雄建筑界与渔业界的人士，如台湾区远洋渔业输出业同业公会理事郑有德与庄安家、石林建设公司的黄坤荣与建筑师张调等人，这些成员定期聚会，支持谢长廷与民进党。台湾媒体这样评论陈建隆：“陈建隆一方面替谢长廷稳住了改革高雄银行的政策大方向，另一方面则为谢长廷维系了政治桩脚及议员们的关系。”

在2000年台湾领导人选举中，陈建隆大力支持陈水扁，并因此获得陈水扁“金主”的称号。陈水扁当选后，陈建隆离开高雄银行，北上台北发展，于2000年10月出任公营的台湾第一银行官派董事长，后又同时出任以第一银行为中心组建的第一金融控股公司的董事长，成为岛内知名的“绿色金融家”。

由于陈建隆与陈水扁关系要好，关系可直达“总统府”，他的妻子宗才怡也迅速走红政商界，在出任高雄市政府顾问后，被台湾“交通部”任命为中华航空公司总经理，不久后出任台湾“经济部长”，然而却因处事能力不足，又受不了“立法委员”的强烈质询，不到两个月就宣布辞职，但仍被当局安排出任圆山大饭店董事长，并再度出任中华航空公司董事。台湾媒体这样评价陈氏夫妇：“陈建隆、宗才怡夫妇，在大家认知中，是红透半边天的绿色新贵，是民进党的金主，是阿扁身边的红人，更是政商界眼中有通天本领的重量级人士”①。

陈建隆不断通过种种方式支持民进党。在2001年台湾“立法委员”选举中，陈建隆动用第一银行的资源为民进党的江昭仪助选，尽管事后因贿选被起诉，但因与民进党上层关系密切，仅在缴了区区罚款之后，就万事大吉。陈建隆还积极配合陈水扁的财经政策，巩固民进党的执政地位。除了配合金融改革、接收经营不良的信用合作社、打消银行坏账与配合“释股”政策外，最典型的为表示对陈水扁提倡棒球运动的支持，陈建隆投入巨资，即以每年2000多万元新台币支持“金钢棒球队”（三商行董事长陈河东任该棒球俱乐部董事长）。主赛场就是民进党前高雄县长余政宪投资16亿元新台币在高雄县兴建的澄清湖棒球场。然而，2003年8月13日，这位被称为“绿色金融家”与“绿朝新贵”

① 台湾《商业周刊》，2003年8月，第822期。

的陈建隆却因发行“海外存托凭证”（GDR）而下台，在台湾政坛与金融界引起巨大风波。

第一金融控股公司是为配合当局吸引外资及改善金融机构体质政策而发行“海外存托凭证”。据报道，2002年台湾当局举行的“大溪会议”就已决定第一银行发行“海外存托凭证”，以引进国际金融管理模式与理念，而且计划出售30%的股权给外国机构，让外资掌控第一银行三分之一的董事席次，以便让跨国金融集团购并第一银行。陈建隆在台湾当局的允许下，赴美国发行“海外存托凭证”，但却造成岛内企业购买比重偏高，特别是元大京华证券公司通过海外子公司取得近八成即1.35亿美元的发行额度，不仅未达到吸引外资的目的，还造成图利财团、内线交易及多家公营金融机构股价下跌的弊端，对陈水扁选情造成不利影响，引起上层不满，陈建隆被迫辞职。不过，据台湾知情人士分析，陈建隆的下台，发行“海外存托凭证”只是“压倒陈建隆的最后一根稻草”，其实还有着复杂的政治背景。陈建隆尽管是民进党的忠实支持者与陈水扁的“金主”，但在商言商，他推动第一银行赴上海设立办事处，经常往来于海峡两岸，民进党上层对此早已不满。陈建隆还为了实现以民间股东身份出任第一银行董事长，专门成立了一家“福昌财务顾问公司”，由妻子宗才怡任董事长，买进不少该银行股票，被认为是有意脱离当局管制。特别是陈建隆对陈水扁的公开大力支持缺乏策略与手段，造成陈水扁与财团勾结的“黑金”形象，反而成为陈水扁选举的包袱，担心日后陈建隆成为阻碍陈水扁连任路上的一块石头。于是，陈水扁正好借陈建隆发行“海外存托凭证”惹起的争议，果断解除了陈建隆的董事长职位。台湾媒体对此作了恰当的点评：“政治人物再厉害，再高位，原来也都只是政治棋盘中的一粒棋子而已。

陈建隆的上台，本来就是政治任命；现在下台，当然与政治不无关系。”① 不过，由于陈建隆对民进党的支持与长期的密切互动关系，陈建隆还会东山再起，与民进党仍然会结成统一战线，支持民进党。

“绿色金融家”林诚一

林诚一是诚泰银行董事长，是旗帜鲜明的“绿色金融家”与“台独金融家”。诚泰银行是由台北市第三信用合作社改制而成的小型银行，也是台湾第一家由信用合作社改革而成的商业0银行，目前资本额71亿元新台币，有70个营业据点，员工2000多人。银行股东较为分散，成千上万，但林氏家族成员林诚一、林诚三、林致光三人持股就超过30%，加上林氏家族的“诚泰文教基金会”和林家其他成员的持股，林氏家族可以影响50%以上的股权，足以主导董事会，掌握经营权，因此诚泰银行已变为林氏家族银行。目前，林诚一的儿子林致光任诚泰银行执行副总经理，女儿林慧琦任银行消费金融部经理。为避免失去银行的经营权，林诚一未将诚泰银行改为上市企业，以维持其家族性及对银行的完全控制，也便利其进行政治活动与支持民进党。

林诚一毕业于台湾大学法律系，是“台独老大”彭明敏的学生，也是陈水扁的学弟。受彭明敏影响，林诚一本土意识强烈，长期支持台湾的党外运动及后来的民进党与“台独”人士。在1996年台湾首次领导人选举中，彭明敏代表民进党参选，林诚一是主要“金主”之一，全力支持，还将诚泰银行前身台北市第三信用合作社的重庆南路分社作为彭明敏选举的重要活动基地，许

① 台湾《财讯》杂志，2003年8月。

多重要会议就在此召开。林诚一还通过发行"竞选金币",为彭明敏筹措选举经费。2000年,陈水扁代表民进党参选时,林诚一又把民生东路的总行预定地作为陈水扁的竞选总部,全力支持。民进党执政后,林诚一在台湾金融界与政界的地位迅速升起,被陈水扁聘为"总统府国策顾问",成为颇具影响的"绿色金融家"与新的"红顶商人"。

林诚一积极配合民进党的执政,以巩固新兴的"绿色"政权。陈水扁当选后,林诚一主导诚泰银行发行"台湾之子认同卡",支持陈水扁及"认同台湾"的政治含义甚为明显。林诚一还以"诚泰文教基金会"之名成立"台湾研究所",以一年200万美元与美国卡迪西公司签约,专门支持台湾从事美国国会游说工作,以取代李登辉执政时代台湾综合研究院扮演的角色。同时,林诚一继续支持李登辉,不仅为李登辉成立的"群策会"捐助出钱,而且出任"群策会"副会长。诚泰银行还长期在支持民进党与"台独"的《新台湾周刊》刊登广告,其"台独"倾向明显。他也不否认,他"只是支持自己多年理念而插手政治"①。

为配合陈水扁金融改革,诚泰银行积极响应,陆续购并了新竹第二信用合作社、台中市第八信用合作社、嘉义市第二信用合作社等,为此承担了100多亿元新台币的不良资产。这就是企业与政治结合的代价。为配合陈水扁提出的"258银行改革目标"(二年内银行坏账比率降到5%以下,资本适足率提高到8%以上),诚泰银行积极出售不良资产,其中出售给中华开发资产管理公司60亿元新台币的不良资产。林诚一负责的诚泰银行成为配合民进党财经政策度最高的"绿色"银行之一。

① 台湾《财讯》杂志,2003年3月。

“绿色金融家”陈胜宏

陈胜宏是目前唯一来自民进党内部的真正“绿色金融家”。陈胜宏，台北市人，台湾逢甲大学国际贸易系毕业，长期在基层金融机构任职。1994 年，在民进党前主席施明德、现任民进党“立法委员”林忠正与林文郎等人大力支持下，民进党元老级人物陈胜宏角逐台北市阳明山信用合作社理事主席，并当选，该金融机构逐渐成为民进党的重要金融势力。陈胜宏还曾任台湾信用合作社监事主席与台湾合作金库常务理事。阳明山信用合作社即阳信商业银行的前身，是台北市一家知名的基层金融机构，原理事主席为台北市议长吴碧珠父亲吴锡辉。陈胜宏当选阳明山信用合作社主席后，于 1997 年改制为阳信商业银行。阳信银行股权分散，陈胜宏在亲民进党人士及亲友支持下，逐渐掌握了阳信银行的主导权。

陈胜宏较早进入政界发展，1977 年到 1998 年，连任五届台北市议员，是台北市地方重要政治人物。1989 年，他当选民进党中央评议委员，1994 年任民进党中央经济发展委员会主委，还曾任民进党的“财务长”，1998 年与 2001 年连续两届当选民进党籍不分区“立法委员”。

作为“绿色银行家”，陈胜宏积极配合陈水扁的经济政策，于 2001 年起先后合并彰化林员信用合作社、屏东第二信用合作社、台南第五信用合作社等，也使其金融势力跨出台北市，得以在全岛范围内发展。

“绿色金融家”郑深池

郑深池是长荣集团总裁张荣发的女婿，也是长荣集团的副总裁。由于张荣发与李登辉关系密切及长期支持民进党，因而长荣集团被认为是国民党执政时代少数支持民进党的“绿色”大财团之一，也被认为是陈水扁的“大金主”之一。特别是在陈水扁担任台北市长时期，长荣集团是大笔捐款的大型企业集团之一。台湾媒体透露，“过去在旧长荣集团大楼顶楼招待所，经常可见黑头车进出，阿扁、立委、官员、企业界友人，都在长荣顶楼谈要事套交情”[①]。在 2000 年台湾领导人选中，张荣发是陈水扁的“国政顾问团”成员之一，对陈水扁的当选发挥了重要作用。

陈水扁当选后，张荣发被陈水扁聘为“国策顾问”，长荣集团自然被认为是支持民进党的“绿色”企业集团。不过，民进党的两岸政策与拖延两岸“三通”的做法，却影响了长荣集团在海峡两岸布局与发展，张荣发开始对陈水扁与民进党政权表示了不满，曾公开表示不再续任“国策顾问”。2003 年 10 月，张荣发再次批评陈水扁“催生台湾新宪法”是选举语言，并表示今日不再“碰政治”。不过，张荣发的女婿、陈水扁的民间友人郑深池却受到陈水扁当局的重用，成为新的红顶商人，延续长荣集团与民进党的政商合作关系。

郑深池长期在长荣集团下属的长荣空运公司与长荣海运公司任职，并出任集团副总裁。如果说张荣发是阿扁的“大金主”，那么女婿郑深池就是张荣发对外经营政商关系的窗口，而且和陈水扁情同手足，关系甚佳[②]。台湾媒体披露，“郑深池的政商人脉实力雄厚，自长荣集团时代，岳父张荣发所投资的‘长荣立委’，不论蓝绿，往来应酬全靠他一个人打点，也借此累积不少人情，可在关键时刻发挥作用。‘高铁五人组’也突显郑深池商界人脉

---

① 台湾《财讯》杂志，2003 年 3 月。

② 杨丽君：“谁来终结金权政治?”，台湾《远见》杂志，2003 年 7 月。

也是一把罩。”“郑深池与阿扁的关系越来越密，如今郑深池依然维持定期茶会的形式，邀请对象遍及五湖四海，这位阿扁头号企业界友人、首席绿色金融家，在扁政府的影响力绝对不可等闲视之。”① 在陈水扁女儿婚宴上，高官巨商云集，其中郑深池和陈水扁夫妇，竟然与新郎新娘同时安排在“家人”主桌，郑深池在陈水扁心中的地位之重、之高，在台湾政商圈可以说无几人能敌。

2002 年，陈水扁主导力邀郑深池出任公营交通银行董事长，在岛内引起极大争议，认为是民进党“绿化”金融机构的又一典型。原因不仅在于郑深池是长期支持民进党的张荣发的女婿，是陈水扁的好友，而且郑深池长期在航运界发展，较少介入金融业务，自然引起外界的质疑。但民意是难以改变民进党的人事决策与政商利益勾结的，郑深池在一片反对声浪中出任交通银行董事长，扮演民进党的支持力量。

郑深池尽管与陈建隆一样，是所谓的“绿色金融家”，但不像陈建隆那样张扬，行事作风低调，手段高明，而且更善于经营政商关系，也更获陈水扁的信任。如今，郑深池主导的兆丰金融控股公司积极配合民进党的财经政策，巩固陈水扁“政权”。

“绿色金融家”陈敏薰

陈敏薰，是上市公司理隆纤维董事长陈重义的长女，曾在美国学习财务与管理，返台后于 1998 年以理隆纤维公司代表的名义出任中华开发工业银行常务董事。2003 年 2 月，中华开发金融控股公司董事长刘泰英涉及多起经济弊案被收押，年仅 33 岁的陈敏薰出任代理董事长，这个不曾被外界了解的青年金融家迅速

① 台湾《财讯》杂志，2003 年 3 月。

引起外界的高度关注。

刘泰英保释后，恢复中华开发金融控股公司与中华开发工业银行董事长职位。在民进党当局强大的压力下，2003 年 6 月，刘泰英被迫辞去董事长职位，陈敏薰在民进党的幕后支持下正式出任中华开发金融控股公司董事长，成为台湾最年轻的金融家。随后，陈敏薰进入陈水扁的凯达格兰学校学习，加入绿色阵营。接着在花莲县长补选中，陈敏薰第一次公开为民进党候选人游盈隆站台助选，成为民进党政府在金融界的新兴支持力量与代表。

第八节 “绿色金融势力”与民进党的利益结盟

企业集团与执政党建立政商关系的核心，是为了争取更多的利益与照顾，执政党则是希望企业集团能够配合与支持其政策，在选举中能够出钱出力。这一点，在台湾金融界与民进党的关系得到充分反映。而且，民进党执政后，在努力打破旧的金融政商关系网的同时，建立新的金融政商帝国，金融企业或金融集团与民进党迅速形成一个新的利益交换与政商关系网。

陈建隆主导下的第一银行与民进党进行利益合作与相互支持最为典型。2001 年，台湾进行第五届“立法委员”选举，许多候选人寻找企业界的支持。陈建隆利用第一银行的资源公开发函给基层，要求帮助民进党候选人江昭义辅选，结果被人检举。2002 年，台北地方法院判定陈建隆“背信罪”，处拘役 50 日，可缴罚金免予拘役，但不得上诉。根据台湾“银行法”，陈建隆已不具备第一银行董事长资格。然而，民进党当局置法律于不顾，依然让陈建隆担任第一银行与第一金融控股公司的董事长。这与民进党当局以“涉嫌背信”迫使中华开发金融控股公司董事长刘泰英辞职形成显明对比，民进党显然采取了双重标准。陈建隆自然对民进党政权给予回报与支持。陈水扁为了培养自己的子弟兵与亲信，成立了“凯达格兰学校”，实际上就是民进党的党校。陈建隆便将第一银行的资讯大楼3000多平方米的办公室租借给该校使用。

民进党当然不忘回报陈建隆。民进党当局在陈建隆的要求下，台湾“证期会”于2003年7月正式宣布取消“企业发行新股需要有3个月闭锁期”的规定，被外界认为此项政策为“陈建隆条款”，等于降低了外资法人的投资风险，也再次突显了陈建隆与陈水扁的关系及其“呼风唤雨”的能力。陈建隆随即率第一银行团队赴海外发行7亿美元的“海外存托凭证”（GDR）。尽管后来发行出现弊端，未达到预先目的，陈建隆也因此而下台，但并改变“绿色”金融机构与民进党的相互合作关系。

兆丰金融控股公司与民进党也存在着密切的政商合作关系。民进党当局为何不以官派方式委任郑深池出任兆丰金融控股董事长，而是支持其以民股身份出任董事长？台湾“财政部长”林全用“民营化是必然趋势”来回应外界的质疑，不足以释疑。郑深池表示，“民股董事长，可以不必去立法院接受质询，更深度的民营化，才能释放活力，让兆丰金控获得商业竞争所需的弹性空间”。这不仅暴露了民进党对民主体制与经济制度的破坏，企图以民营化为幌子让公营企业逃避议会监督，而且可能会造成公有财产的流失，甚至造成公营企业“财团化”的结局。

事实上，民进党当局这样做，还有更深层巩固政商关系的考虑。由于长荣集团、大陆工程集团等“绿色”集团共同建立的台湾高铁公司，是陈水扁的有力支持者，但高铁公司投资巨大，一直存在财务紧张问题。郑深池出任交通银行董事长及兆丰金融控股公司董事长后，便迅速通过掌控的交通银行与“中国国际商业银行”加码购买了台湾高铁公司40亿元新台币“特别股”，予以支持，也成为台湾高铁公司最大债权人。因此，无党籍“立法委员”陈文茜在解读郑深池由官股董事长转为民股董事长时指出，“陈水扁把兆丰金控给郑深池，为的是帮台湾高铁公司找一个金库”[①]。杨丽君在一篇文章中更指出，“一个以郑深池为首，围绕台湾高铁以及陈水扁的亲民进党政商金权政治势力，正在兆丰金控崛起”[②]。

民进党“绿化”金融机构，一个重要目的是希望这些金融机构能为选举筹措巨额经费。台湾著名政论家胡忠信表示，“民进党不像国民党有党产，因应总统大选，预计将从最近“绿化”的交通银行、第一银行与中华开发工业银行等动脑筋，筹措上百亿元新台币的竞选经费”。[③]

同时，“绿色”金融企业为配合民进党主导的财经法案能够顺利在“立法院”通过，以广告等方式向泛蓝阵营施压，充当民进党的“金融打手”。2003年7月9日，台湾银行商业同业公会、台北市商业同业公会、台湾证券商业同业公会与台湾票券金融商业同业公会共同在《联合报》等媒体刊登广告，向泛蓝阵营施压，希望相关金融法案顺利通过。该声明全文如下：“七日本会代表共同拜访立法王院长及行政院游院长，表达期盼行政院金融重建基金设置及管理条例修正案等财经六法，能在立法院临时会中顺利通过，以健全金融体系，协助经济正常发展；特别对金融

---

① 台湾《财讯》，2003年3月。

② 杨丽君：“谁来终结金权政治?”，台湾《远见》杂志，2003年7月。

③ 杨丽君、杨永妙：“中华开发变天”，台湾《远见》杂志，2003年7月。

重建基金理赔范围一致期盼能依照过去作法，以填补资产与负债之间的差额，不要将非存款负债排除在外。因为非存款负债包括金融同业往来、对个人及公司企业的应付款项、应付保证款项及对员工权益（包括员工退休金等）之保障等，如果这些不包括在内，部分金融机构马上会出现立即极严重的流动性问题，部分企业马上会产生商业本票融资的紧缩效果，整体金融将产生极大的不稳定性，对金融业、社会大众（相关个人）、相关企业及员工权益造成严重的伤害。期盼各位立法委员支持行政院修正草案第五条之版本。”①

在“立法院”审议的多个财经法案中，确实存在争议，有些法案有明显为企业财团解决债务危机及争取其在未来选举中支持民进党当局的考虑。其中“不动产证券化条例”虽是解决企业与金融机构不良资产的一个重要方式，但明显存在可能被财团利用的风险。台湾《联合报》一篇社论对此进行了深入剖析。该社论指出，对于“不动产证券化条例”等法案，“外界批评是政府受到财团压力而有意挟带过关，让持有太多不动产与资金被套牢的财团解套。这样的说法，随着总统大选日期接近而让人不得不怀疑，执政党果真为了钞票及选票考虑，接受财团及金融机构关说，企图利用不动产证券化条例来提高不动产变现能力，为不动产套牢的财团及金融机构解套，以换取工商财团在大选活动中钞票及选票的支持。这样的猜测，不能说是空穴来风。因为诸多公共建设、高速铁路以及捷运站附近的不动产，大都已被几家大财团及政治人物搜刮一空，若不动产证券化条例现在通过，这些财团可以搭政府法令便车发一笔横财。”②

---

① 台湾《联合报》，2003 年 7 月 9 日。

② 台湾《联合报》，2003 年 7 月 3 日。

由此可见，台湾金融业与民进党形成一个庞大的政商关系网，建立起一种新的利益合作关系，不仅对台湾财经政策具有影响力，而且对台湾政局也有不可忽视的影响。

第四章　工商团体蓝绿格局新变化

台湾工商团体众多，几乎包括了所有产业领域，形成庞大的压力团体或利益群体，对台湾重大财经政策甚至政局具有不可忽视的影响。民进党执政后，积极改善与原有工商团体的关系，并建立由绿色阵营控制的工商团体，使得岛内工商团体的蓝绿格局发生重要变化，许多工商团体迅速转化为民进党的盟友与支持力量，形成更为庞大的利益链环与政商关系。

第一节　三大工商团体权力的转化与“绿化”

台湾工商团体众多，遍及各个领域，大体上可分为如下几大类：一是全岛性的综合性工商团体。主要为工业总会、商业总会与工商协进会，即传统的三大工商团体。二是全岛性的特定工商团体。如中小企业协会、青年创业协会与工商建研会等。三是行业公行。台湾几乎各个产业与行业均有自己的同业公会，数量众多，尤其以电子电机工业公会最具影响力。四是传统的民间企业组织，如青商会、狮子会、扶轮社等。五是地方性工商社团，如“台湾省”、台北市、高雄市及各地方县市的工商团体。六是各种联谊会工商团体，如“三三会”、“盘石会”、“金石会”等，为数众多。

国民党执政时期，掌握着庞大的经济资源，与各类工商团体关系密切，形成一个庞大的政商关系网。台湾媒体曾评论到："国民党执政半个世纪以来，党政一家的结果，触角广布各个工商团体，形成一张绵密与牢不可破的网络，历届工商团体改选，向来都有国民党社工会介入，约在选前一个月，就会敲定理监事及理事长的参考名单，在清楚上意后，选举只是徒具形式，这些工商团体，当然也成为国民党的票仓"[①]。可以说，国民党统治时代，工商团体负责人多是国民党要员，或是其同盟军，因此工商团体不仅是国民党政权的有力支持者，也是其重要组成部分。

民进党执政后，为改变工商团体与国民党的紧密合作关系，采取了一系列新的策略与做法，即能收编的就收编，不能收编的就施压打击，或另起炉灶，建立以民进党主导的工商团体新格局。因此，民进党执政后，台湾工商团体格局迅速发生变化，原有的"三大"（工业总会、商业总会、工商协进会）"三小"（中小企业协会、台湾工商企业联合会与工商建研会）变为新的"六大"工商团体，即工业总会、商业总会、工商协进会、中小企业协会、工业协进会与电机电子工业公会，台湾工商企业联合会与工商建研会则被边缘化。其中，长期以来在台湾最具影响的是被称为"三大"工商团体的工业总会、商业总会与工商协进会，在民进党执政后，形势出现新的变化。

工业总会与执政党关系的调整

台湾工业总会是台湾三大工商团体的龙头。其前身是1942年成立的"中国全国工业协会"，1948年改组为"全国工业总

① 张嘉琪，林修全："昔日红顶商人换绿帽"，台湾《新新闻周刊》，2003年4月23日。

会”。国民党败退台湾后，“全国工业总会”于同年在台复会，首任理事长为陶桂林，继任者先后为束云章与潘仰山等。1975 年进行重大改组后，大同集团董事长林挺生出任改组后的第一届理事长，第二届起分别为和信集团的辜振甫、太子汽车集团的许胜发、统一集团的高清愿、中日国际集团的林坤钟，均是台湾本地知名大企业家，其中除林坤钟曾为国民党中央委员外，其余均曾是国民党中央常务委员，显见工业总会不过是国民党政权的附属机构而已。

工业总会由岛内各县市工业会及各工业同业公会等团体会员组成，每 3 年举行一次会员代表会议，改选理事会与监事会成员。目前理事会下设有“台湾产业职业能力发展中心”、“职业训练研究发展中心”、“大陆投资厂商联谊会”、“智慧财产权联谊会”与“高尔夫联谊会”等附属组织。目前工业总会团体会员为 143 个，有 10 万多个会员，理监事与各专业委员会召集人均是台湾大型企业集团的负责人，足以显示工业总会势力庞大。

民进党执政后，开始介入与“绿化”工业总会。在 2000 年台湾政党轮替后工业总会首次理监事选举中，国民党已失去控制力，但民进党也无法很快主导选举，于是出现了权力的激烈争斗。代表传统产业与国民党势力的中日饲料集团董事长林坤钟和代表科技产业及亲民进党的太平洋电线电缆集团董事长孙道存展开了竞争。林坤钟在现任理事长高清愿、工信工程集团董事长潘俊荣等支持下得以当选，但也造成工业总会的内部矛盾，并且出现分裂，随后工业协进会宣告成立。

林坤钟当选后，积极改善与民进党的关系，对民进党当局举办的活动出钱出力，希望下届能够连任。但林坤钟毕竟是国民党中央委员，因此得不到民进党上层的认同。在 2003 年 4 月理事长改选过程中，虽然林坤钟积极争取连任，但民进党上层心中的人选却是与民进党关系更为密切的金宝电子集团董事长许胜雄。加上高清愿与“工业总会协调委员会”召集人潘俊荣不再支持林坤钟连任，林被迫放弃。

据报道，“总统府”副秘书长陈哲男曾向许胜雄表达陈水扁希望许接任工业总会理事长的意见，不过许胜雄是现任台湾区电机电子工业公会理事长，无意出任工业总会理事长，于是在工业总会主要人物协商下由另一位亲近民进党的东和钢铁集团董事长侯贞雄出任理事长。同时，本届理事会进行了相应的改革，增设二位副理事长，大幅改组理监事，强化工业总会的领导架构与功能，另外将各县市工业会纳为直属会员，力阻“台湾省工业公会”另立山头，以稳固其影响力。其中，陈武雄与潘俊荣担任副理事长，林伯丰担任监事会召集人。各专业委员会召集人分别是：“产业政策委员会”召集人为和桐化学公司董事长陈武雄，“科技及能源委员会”召集人为联华气体公司总经理苗丰盛，“赋税与金融政策会”召集人为永丰余公司董事长何寿川，“国会关系委员会”召集人为工信集团总裁潘俊荣；“雇主委员会”召集人为台湾化学纤维公司总经理王文渊，“国际经贸事务委员会”召集人为远东集团董事长徐旭东，“保护智慧财产权委员会”召集人为金宝集团董事长许胜雄，“贸易发展委员会”召集人为南侨集团副会长陈飞鹏，“港澳经贸委员会”召集人为太平洋电线电缆集团董事长孙道存，“县市区域服务发展委员会”召集人为东和钢铁集团董事长侯贞雄。

从工业总会主要负责人观察，大多是亲绿企业家，已与民进党形成密切互动关系，泛蓝势力已被大大削弱。作为台湾最大的工商团体，工业总会不仅对台湾重大经济政策与经贸活动有重大影响，而且对台湾政治的影响力也不可小视。台湾媒体评论指出："工总是新旧政府摇旗呐喊不可或缺的五大工商团体之一，拥有10万个会员厂商以及电机电子公会等143个会员组织，明年总统选战，出钱，出力，出人，工总角色重要，总统府会放弃吗?"[①]。由此可见，工业总会对台湾政治与重大选举有着重要影响。

商业总会的角色调整

台湾商业总会是台湾第二大工商团体，会员有110多万家，其地位仅次于工业总会。力霸集团董事长王又曾自1982年出任商业总会理事长后，逐渐成为台湾知名的工商界领袖人物，并活跃于政治舞台，积极配合台湾当局进行所谓的民间"务实外交"活动。到1989年，王又曾已连任两届商业总会理事长，依法不能再续任，但又不愿放弃这个经营政商关系与有庞大利益的工商团体，于是让力霸集团重要成员赵仲三出面竞选，自己幕后辅选，赵仲三战胜其他三位候选人，登上商业总会理事长的宝座，王又曾被聘为名誉理事长。其实赵仲三只是个虚位，实权仍掌握在王又曾手中。四年后，王又曾再次出面角逐商业总会理事长，并顺利当选。王又曾还以此重要身份进入国民党权力核心，先后当选为国民党中央委员与中央常务委员，成为长袖善舞的"红顶商人"。

民进党执政后不久，商业总会进行新一届理事会改选，民进党还无法介入选举。力霸集团董事长王又曾在第二次连任两届后，依规定不能再续任，而唯一的候选人则是王又曾之子王令麟，结果在无人竞争的情况下顺利当选，王又曾被聘为台湾商业

① 李美惠："孤掌难鸣的工总理事长"，台湾《商业周刊》，2003年3月，第799期。

总会永久名誉理事长，延续王家长期对商业总会的控制。

王氏父子领导的力霸集团曾是国民党政权的有力支持者，被认为是政商勾结与黑金政治的典型，而且属大陆籍大财团，民进党对其有一种强烈的排斥感。民进党执政后不久，就曾向王氏家族开刀，严查王令麟涉及的经济弊案，对力霸集团造成很大的压力。不过，王氏父子为了巩固家族霸业与继续掌控商业总会，放下身段，再度发挥其经营政商关系的功力，努力改善与民进党上层关系，处处积极表现对陈水扁与民进党政权的支持。王又曾多次陪同陈水扁出访"邦交国"，甚至在出访非洲时向民众"撒美钞"，赢得陈水扁的信任。王氏父子还处处接近与陈水扁或民进党当局。在2003年台湾电信媒体大型展览会上，因岛内选举逐渐到来，时机敏感，许多工商界领袖人物均未出席，但王又曾、王令麟父子则率先到场欢迎陈水扁，显得格外引人注目。王令麟以商业总会理事长的身份，不断表示对民进党当局的支持，肯定陈水扁"拼经济"的成效。王氏父子的努力也有回报，与民进党当局的关系大为改善，王令麟所涉经济弊案未再持续清查，而且王令麟与陈水扁的互动更加密切，陈水扁还公开为王氏家族的媒体登广告支持，可以说，王氏父子以及所领导的商业总会已与民进党建立起新的政商关系。

工商协进会已被"绿化"

工商协进会是50年代成立的一个有官方背景的民间工商团体，也是台湾第三大工商团体。国民党政权退居台湾后，"中华民国工业总会"与"中华民国商业总会"也移入台湾，但依法还不能在台湾选举代表全中国的理事与监事，活动受到影响。于是在"立法委员"束云章的提议下，于1952年在台湾成立工商协进会，束云章被推举为理事长。1961年，工商界元老束云章因年事已高，推荐辜振甫出任工商协进会理事长，其理事与监事成员包括了林挺生、许金德、吴火狮、何传、黄烈火、吴尊贤、陈启清、王永庆与蔡万春等战后台湾第一代知名大企业家。由于辜振甫在台湾工商界与政界具有重要影响力，因此担任工商协进会理事长达30余年。直到1994年，辜振甫的侄子辜濂松接任工商协进会理事长一职，并直到民进党上台之后，可以说工商协进会是辜氏家族掌握的一个大型工商团体。

辜振甫与辜濂松叔侄代表的辜氏家族以及辜氏家族的和信集团是台湾超大型企业集团，经济实力雄厚，在台湾政商界具有很大的影响力。辜振甫于50年代初就出任台湾“经济部顾问”与“行政院经济改革委员会”总召集人，自60年代起在国民党内的地位就不断上升，从候补中央委员、中央委员一直到中央常务委员，而且长期被聘为“总统府国策顾问”、“总统府资政”等，同时出任台湾“海峡交流基金会”董事长等许多半官方机构负责人，是台湾长久不衰的“红顶商人”。辜濂松也身兼多个半官方或民间的工商团体或民间组织的负责人，更是台湾知名的“地下经贸大使”，长期负责台湾民间对外经贸与外交工作。

工商协进会势力也十分庞大，不仅包括了许多大企业、大集团，而且还包括了公营大企业、半官方的“对外贸易发展协会”、“中国生产力中心”、台湾证券交易所等机构与组织，其实际影响力不在工业总会与商业总会之下。不过，工商协进会的经费除会员费外，主要来自辜氏家族企业和信集团的捐款支持，因此受辜氏家族的影响相当大，这也是为何辜家掌控其长达40多年的重要原因。

2002年6月，工商协进会进行政权轮替后的首次理事长改选，现任理事长辜濂松原有意推荐前“经济部长”与复华投资信托公司董事长、国民党中常委王志刚接任。不过与绿色阵营关系密切的东元电机集团董事长黄茂雄在选前改变立场，积极争取参选，而且获得了民进党当局上层的支持。在此一形势下，也与民进党关系不错的辜濂松放弃对王志刚的支持，王志刚最后放弃竞选，黄茂雄得以当选新的工商协进会理事长。黄茂雄与李登辉、陈水扁关系要好，是典型的“绿色”企业家。特别是在 2001 年东元钢铁公司成立 45 周年大会上，陈水扁亲自参加，还与黄茂雄私下长谈一个多小时，双方关系进一步加深。工商协进会从此成为“绿色”工商团体与支持民进党的重要组织。

第二节　亲“绿”工商团体地位迅速上升

在国民党执政时代，尽管工商团体与执政党维持友好合作关系，但也有少数例外，其中以戴胜通领导的中小企业协会最为典型，一直与民进党关系较为密切。民进党执政后，由于中小企业协会对民进党执政的积极配合与大力支持，其地位迅速上升。尽管中小企业协会的规模与力量不如工业总会、商业总会与工商协进会，但目前中小企业协会的影响力则超过任何一个工商团体，理事长戴胜通的政治地位也超过任何工商团体负责人。

台湾中小企业协会成立于 1972 年 7 月，主要致力于改善中小企业经营环境、加强交流与合作，推动中小企业的发展，同时扮演中小企业与政府之间的桥梁角色。会员包括个人会员、公司会员、团体会员与赞助会员，会员涉及各个产业领域，而且已在台北市、基隆市、桃园县、新竹县与新竹市、苗栗县、台中县与台中市、彰化县、云林县、嘉义市、台南市、高雄县与高雄市、屏东县、宜兰县、花莲县与澎湖县等建立了地方中小企业协会，未来将继续完成在各县市分会的建立，同时计划在309个乡镇建立联谊会。

中小企业就单个企业来说，实力与规模不如大企业、大财团的影响力，但为数众多，对选举的影响力不可小视。据台湾“经济部”于2003年9月1日发表的《2003年度中小企业白皮书》资料，2002年，台湾中小企业为110.5万家，较2001年增长2.5%，其中商业企业占61%；中小企业就业与受雇人数分别为736万人与468万人，其中受雇人数占台湾全部受雇人数的69.2%；营业收入占全部企业营业收入的29.5%[①]。就中小企业对选举的影响而言，也不在大企业之下。台湾媒体写到：“大老板有钞票，不见得有选票。就如同这些老派的企业大老争当国民党的中常委，看似处于权力高峰，但却不可能上情下达，赢得企业界的选票跟随。民进党的民意代表分析，台湾的企业资源虽有50%到60%掌握在大企业手中，但就人数而言，台湾企业98%是属于中小企业，就选票结构来讲，这些才是扁政府要争取与照顾的蚂蚁雄兵”[②]。作为中小企业的共同组织中小企业协会，对中小企业经营与发展具有重要的协助功能，因此该协会领导的中小企业对台湾选举的影响不在其他工商团体与大企业之下。

台湾中小企业协会理事长戴胜通，台中清水人，是台湾三胜制帽公司与承峰纺织公司董事长。其中三胜制帽公司是一家知名企业，是台湾最大的制帽企业，也是世界第二大制帽企业，在全球有5家工厂，有5家分公司，5万多个客户，年产5万顶帽子，其中POLO帽子更是世界知名品牌，年营业收入超过20亿元新

① 台湾《联合报》，2003年9月2日。
② 台湾《新台湾周刊》，2003年9月，第390期。

台币。

戴胜通尽管曾是国民党党员，但一直有较强的“亲绿情结”。他曾公开表示全家坚持拿“中华民国护照”，强调企业“根留台湾”，人和心一定留台湾，因此事业发展重心在台湾与美国，而没有选择大陆。在2000年台湾领导人选举中，戴胜通是唯一公开支持陈水扁的工商团体负责人，可以说在上届选举中押对了宝。陈水扁当选后，戴胜通及他领导的中小企业协会地位迅速窜升，戴胜通不仅迅速成为“绿色”阵营的红顶商人，而且中小企业协会也由过去的一个小型工商团体一跃而成为台湾最有影响的工商团体之一，与原有的三大工商团体并起并座，甚至超越其地位。

戴胜通的职务也迅速增加，不仅被陈水扁聘为“国策顾问”，而且兼任台湾“劳资关系协进会”理事长、台湾区帽子输出业同业公会理事长，工商协进会与商业总会理事，工商企业联合会常务监事，同时任“台藏交流基金会”董事长，是多个台湾“邦交国”的在台名誉总领事，2003年8月还聘为“公投委员会”的委员。

在民进党执政后首次“双十节”升“国旗”仪式上，陈水扁弃其他工商界大型团体与工商界大老，选择戴胜通主持。2002年11月，戴胜通更史无前例做东，出面邀请三大工商团体及政界要员餐会，以改过去由工业总会或商业总会出面做东的局面。此举意味着戴胜通在台湾政党轮替后地位的迅速上升。中小企业协会也因此获得当局更多的关照与资源分配。例如，中小企业协会负责承办台湾“经济部”设立的补助企业雇佣失业者的就业计划，即中小企业每雇用一位失业者，“政府”就给予每月1万元新台币的薪资补助，每一企业最高奖励金额为240万元新台币。

陈水扁或民进党高官每次“金钱外交”的出访行动，戴胜通不仅是必“陪”成员，而且以实际投资行动协助陈水扁当局巩固

“邦交”，为陈水扁 2004 年的选举连任创造“外交”成绩。戴胜通的三胜制帽公司没有到更方便的大陆与东南亚投资，而是选择了遥远的台湾“邦交国”集中的中南美洲投资设厂，其政治考虑甚为明显。戴胜通也毫不掩饰地表示，“这是一种经援外交”。戴胜通还公开支持与肯定民进党当局的“金钱外交”政策与做法。2002 年 7 月，海地总统访台后，海地官员对外说明台湾与海地签署了 18 亿元新台币的合作协议，在岛内引起很大争议，被批评为“金钱外交”，甚至连民进党官员都表示了不满。但戴胜通则给予肯定，表示“我赞成买外交，给邦交国的那些金援，就当成是外汇储备的保险金”，直接替民进党当局的“金钱外交”公开辩护。他还认为这种直接的“金援外交”虽可取，但最好的办法是通过“经援外交”，即投资巩固与“邦交国”的关系。他的三胜制帽公司继在台湾“邦交国”多明尼加投资设厂后，又在海地投资设立纺织染整厂，总计投资 1300 万美元，这也是他在中南美洲台湾“邦交国”设立的第二家企业。

戴胜通与民进党的关系特别是与陈水扁的相互合作关系，已达到一个更高的层次。台湾媒体这样评论到：“身兼总统府国策顾问，又是当红的红顶商人，不管是阿扁任内的三次出访，还是游院长的中美洲之行，都有戴胜通陪同。由此可知戴胜通受层峰重视的程度，部分人士甚至形容他有‘直通天厅’的本事。受到扁当局的重用，戴胜通的确不负盛情，涌泉以报，时时刻刻替扁当局分忧解劳。了解台湾外交处处的艰难，戴胜通用‘经援外交’的方式，替扁当局做好另一类的外交工作，除了替扁当局的外交成绩加分，也让阿扁出访更有面子”①。

① 台湾《新新闻周刊》，2003 年 7－8 月，第 856 期。

随着2004年台湾大选的日益临近，戴胜通领导的台湾中小企业协会将会全力以赴，支持陈水扁连任，巩固新的政权与既有政商关系。

第三节　行业公会逐渐“由蓝转绿”

在台湾诸多工商团体中，各行业同业公会数量相当多，几乎每一个行业都有自己的公会，而且随着产业的细化及新兴产业的兴起，也不断有新的产业公会诞生。产业公会成员集中了本行业主要企业，对本行业财经政策与市场都有重要影响。过去，各产业公会都由各行业有实力的企业负责人担任理事长，与执政党的国民党保持密切的友好合作关系。民进党执政后，台湾产业公会权力结构出现新的变化，一些大型产业公会与民进党政权的互动更加密切，有些产业公会已被“绿化”。

民进党执政后，在上百个同业公会中，台湾电机电子工业公会异军突起，不仅成为亲绿工商团体，而且进入所谓的“六大工商团体”之列，而且是所谓“六大工商团体”中唯一的行业公会。

台湾电机电子工业公会会员众多，会员厂家高达4500多家，厂商包括家电、电脑、通信、半导体、电容器、印刷电路板、音响、光电等诸多领域，可以说是台湾电子资讯产业为主的高科技产业公会，会员企业产值占台湾工业产值的一半，影响力十分巨大。过去，台湾电机电子工业公会一直是由泛蓝系统所掌握。前任电机电子工业公会理事长是西陵电子集团董事长吴思钟，是亲民党主席宋楚瑜的外甥女婿（吴的妻子陈玮是宋楚瑜的外甥女，陈玮的父亲陈千山是宋楚瑜夫人陈万水的弟弟）。在2000年台湾领导人选举时，电机电子工业公会被认为是宋楚瑜的支持者，吴思钟也是宋楚瑜“财经政策白皮书”的幕后智囊之一。选后，亲民党成立，这一工商团体被视为是支持亲民党的工商团体。然而，2001 年，电机电子工业公会进行改选，吴思钟的西陵电子公司因财务问题放弃连任，改由金宝集团董事长许胜雄出任理事长。许胜雄虽被外界视为游走蓝绿两边，但实际上与民进党的关系更加密切，更偏“绿色阵营”。

在民进党的积极介入下，一些行业公会已由“绿色”人士掌控。台湾区糖果饼干面食工业同业公会，在民进党执政后第一届理事长选举中，被陈水扁首批聘为“国策顾问”的明治制果制药公司董事长方仁惠被选为理事长，2003 年 8 月再度连任理事长。方仁惠是长期支持民进党与“台独”的企业家，与陈水扁关系十分密切，是陈水扁女儿婚礼上的座上宾。民进党执政后，方仁惠在政商界的地位也迅速上升，连续当选两届台湾区糖果饼干面食工业同业公会理事长，积极配合当局的施政，参与出席各项重要活动，而且积极为同业争取利益。2003 年 8 月，方仁惠续任理事长之后，不仅表示该公会要设立拓销与开发等功能小组，而且强调入世后台湾食品业面临大陆低价产品的威胁，呼吁当局采取适当的保护政策，在公平、合理的竞争环境下，开放原物料自由进口，以增加岛内同业的竞争力。

2003 年 10 月，台湾区钢铁工业同业公会进行新一届理事与理事长选举，陈水扁的亲信、中钢公司董事长林文渊打破原有规划，破例出任理事长，是民进党“绿化”产业公会的又一典型案例。

台湾证券业同业公会是一个新兴的产业公会，实力雄厚，资产超过 20 亿元新台币，会员达 360 多个，因此理事长一职的权力争夺十分激烈。民进党执政后，在 2001 年第二届理事长选举中，民进党、国民党与台湾“财政部”均强力介入，结果，台湾“财政部”支持的国际证券公司代表简鸿文胜选，而且理事与监事名单中，有多人是由“证期会”转任或与官方关系密切，因此证券业同业公会不仅是“绿化”，而且是“官化”，被外界批评为“政府的附属单位”。

第四节 新兴工商团体明显偏“绿”

民进党执政后，台湾工商团体结构与政商关系出现多方面的变化，涌现出一批新的工商团体。其中新成立的工业协进会是支持民进党的大型工商团体之一。

2001 年 5 月，即民进党成立一周年之际，“绿色”色彩显明的美吾华集团董事长李成家，拉拢一批企业界人士筹组建立了工业协进会，李成家被推举为理事长，一个支持民进党的“绿色”工商团体宣告诞生。在成立大会上，包括“行政院长”张俊雄与“行政院”秘书长邱义仁等民进党高层纷纷前来祝贺。与当年几乎同时举行的台湾工业总会会员大会上没有一位民进党的部委首长到场形成显明对比，显示不同工商团体在民进党高层心中地位有很大差别。

李成家是台湾美吾华医药生技企业集团的董事长。他靠经营美吾华洗发用品起家，目前已转型进入生物科技产业领域，主要企业包括美吾华公司（包括生物技术事业部、医药事业部与美发事业部）、博登公司（是台湾最大的加盟连锁药店，设有医学仪器事业部与博登药局国际连锁事业部）、怀特新药科技公司（设有临床研究事业部与生物科技研究开发事业部）、联安生技公司（设有医疗保健器事业部）、台湾育成中小企业开发公司与保博生技公司（主要进行亚洲市场行销）等，其中有4家为上市上柜公司，目前集团营业收入规模为30亿元新台币①。其中2003年与外商合资新成立的保博生技公司，专门经营亚洲市场新药、健康食品与清洁用品，计划以台湾为营运中心，积极开拓大陆与韩国等亚洲市场。

李成家在事业发展与经济实力增强后，开始积极建立政商关系，被认为是横跨蓝绿两大阵营的工商界领袖人物，但与李登辉、陈水扁的关系更佳，因而是典型的“绿色”企业家。

李成家早年曾获台湾十大杰出青年和创业青年楷模，与当时的省主席李登辉相识，进而与李登辉建立了“亦父亦师”的情谊，与李登辉的女婿赖国洲更是“莫逆之交”②。李成家也是国民党党员，是台湾最后一届国民党不分区“国大代表”。民进党上台后，李成家积极经营与民进党的关系，对陈水扁的财经政策全力支持与配合，迅速成为“绿色”工商界领袖人物，成立才两年的工业协进会也成为台湾“六大工商团体”之一。2003年5月，李成家被陈水扁聘为新的“国策顾问”。

工业协进会是新成立的工商团体，许多成员来自台湾工业总会，因此与原工业总会存在着矛盾与竞争。工业协进会为扩大或巩固自己的势力范围，向“内政部”提出将工业团体组织分立为“区域工业公会”与“产业同业公会”两个体系的修法建议，进一步加剧了工业总会与工业协进会的矛盾。工业总会在新任理事长侯贞雄的主导下，采取“直捣黄龙”策略，特别设立“县市区域服务委员会”，并争取各县市工业会入会与聘请理事长为顾问。工业协进会则采取对应策略，李成家在理监事会上提出“一要一

---

① 台湾《工商时报》，2003年6月18日。
② 台湾《新新闻周刊》，2003年4月23日。

不”策略，即要求各县市工业会“要”婉拒工业总会的争取入会；要求“不”能接受工业总会顾问的邀约。

民进党执政后，工业协进会与中小企业协会这两个工商团体因其对民进党的忠诚度与支持度远在其他工商团体之上，因此获得特别的对待。在2002年6月陈水扁出访非洲时，只邀请了中小企业协会理事长戴胜通、工业协进会理事长李成家与工商协进会黄茂雄3人随行，打破了过去工业总会、商业总会与工商协进会三大工商团体随行的惯例。只时在最后关键时候，在部分人士的游说与运作下，另外二大工商团体负责人才临时加入。同年8月，“行政院院长”游锡堃出访中美洲时，上榜名单中也只有戴胜通、李成家与黄茂雄等人，由此可发现这3人及其所领导的工商团体与民进党当局的密切关系。

近两年，台湾成立的一些新兴工商团体，多由亲“绿”企业主导成立，其政治立场自然亲绿与支持民进党。2002年初，由台湾电视公司董事长、李登辉女婿赖国洲与无线电视、软件及家电行业筹组成立“台湾数位视讯协会”，外界认为此一协会为具有本土色彩、类似“群策会”的“行动智库”。该协会设有多个委员会，包括软体委员会和硬体委员会、法规与政策委员会以及宣传委员会等。参与的成员包括数家电视产业相关的内容、硬件、设备、通路企业，现已加入的企业包括台湾电视、巨图科技、春水堂、太极、大同、声宝，东森电视等。

义美集团除于2002年主导成立旨在制衡、抵制所谓“统派媒体”、支持民进党的“企业主广告协会”外，2003年8月底，义美食品公司董事长高腾蛟再次主导，结合本土性企业，成立“台湾基层产业拼经济协会”，是直接配合陈水扁“拼经济”、争取连任的工商团体，高腾蛟自任理事长。陈水扁亲自到会致词，称该组织是真正的“台湾之子”，呼吁产业界应该秉持耐力、毅力、竞争力及爱心、恒心、自信心的“三力”和“三心”来厚实台湾经济。该协会率先提出包括原物料进口全面自由化、排除高营运成本障碍、修改不合时宜的工时制、提供低价的工业用地、降低长期金融贷款利率、减免税负、推动产官学合作、发展区域性发电及推动电业自由化、广设经济特区及增加就业机会等八项政策建议。高滕蛟还提出“推动与其他国家签订自由贸易协定，并积极扩大经营规模，争取世界市场，是台湾必须走的路”，强调该协会将结合上、中、下游各行业的基层产业，作为“下情上达”的窗口，随时向上层反映产业界的心声和建言，提供当局参考。高腾蛟还为当局的大陆经贸政策辩护，不认同台湾企业界看好大陆市场，认为大陆经济情况不稳定，消费能力低，运输成本高，市场规模不如日本、韩国与美国，强调台湾企业不必去大陆发展。

新成立的“台湾电玩竞技大联盟”，也是“绿色”工商团体。该联盟理事长是长期支持民进党与“台独”的台湾义美食品公司副董事长高志尚。他在关于“数位台湾的新远景”一文中提出，未来“台湾繁体华文及符号使用规划能否战胜中国简体华文，不仅是一块市场大饼的争夺，也攸关数位内容线上文化的诠释权与主导权。”“数位内容将是未来数位世纪国家文化霸权的彰显，国力的具体体现”①，其“台独”立场甚为明显。

2003年9月初，由官方主导及亲“绿”企业发起成立“台湾全球运筹发展协会”。该协会由民进党籍“立法委员”王拓、国际物流行销公司董事长苏隆德、“交通部”运输研究所主任秘书

① 台湾《工商时报》，2003年7月20日。

林继国、“中国生产力中心”总经理张宝成、关贸网络公司总经理陈振南与“中国海专学校”校长吴荣贵等人发起成立，国际物流行销公司董事长陈隆德任理事长，张宝成、陈振南、王钟雄等21人为理事，罗翔龙、张常生等7人任监事。成立的目的是推动“全球运筹中心”的研究，协助企业全球运筹（物流）的整合与管理，以配合台湾发展经济的目标。目前提出五大建议：(1) 尽快落实“自由贸易港区”政策，以协助地方发展；(2) 整合台湾资源在全球主要地区设置台湾全球运筹（物流）基地，强化台湾竞争力；(3) 制订“物流产业发展政策”，提升台湾物流经营水准；(4) 在重要城市设置“物流园区”，提供公共货运站、物流中心等，促进城市发展；(5) 积极培育全球运筹经理管理人才，掌握全球经营发展趋势，进军全球市场①。“全球运筹中心”是民进党执政后提出的台湾经济发展重要战略，该协会以此为名，配合当局的财经政策目的甚为明确。在相关政策建议中，强调“国家发展”，不提两岸经贸往来等，充分显示其亲“绿”色彩与政治立场。

2003年10月，“台湾资讯储存技术协会”宣告成立，台湾工业技术研究院光电研究所副所长黄得瑞任理事长，铼德科技公司执行长叶垂景、建兴科技公司总经理廖学福、中环集团董事长翁明显等任副理事长，其中，黄、叶、翁三位均是台湾智库成员，足以证明该协会是典型的“绿色”团体。

通过幕后策划建立新的亲“绿”工商团体，结成更为广泛的政商关系与利益联盟，是民进党巩固政权的重要手段。

---

① 台湾《工商时报》，2003年9月4日。

第五节 亲“蓝”工商团体的萎缩与分裂

民进党执政后，掌握了经济资源与主导经济政策，工商团体自然会与当权派建立互动合作关系，因此大多数主要工商团体逐渐转变其立场，积极改善与民进党当权派的关系，而立场亲泛蓝的工商团体受到冷落。其中以台湾工商企业联合会与工商建研会最为典型。

台湾工商企业联合会长期由太子汽车集团的许胜发与许显荣父子主导，先后担任理事长。许氏父子也是国民党要员，先后出任国民党中央常务委员，其中许显荣在2003年9月国民党中常委选举中再次连任。由于该团体与国民党关系密切，而且经常往来大陆，因此在民进党执政后，台湾工商企业联合会的地位迅速衰落，在工商界的影响力大大消退。

工商建研会即工商建设研究会，原是国民党有意培养中生代企业家所建立起来的工商团体，因此有“国民党企业党校”之称，现任理事长为马爱珍。马爱珍是国民党中央委员，还担任台湾女企业家协会理事长，台湾农渔业产销联盟发展协会理事长，任常富集团与桦慕集团总裁，华媛企业公司与久福工程公司董事长。马爱珍与大陆关系密切，经常率团赴大陆访问。正因为其显明的亲“蓝”与亲大陆色彩，民进党无法收编，只能排斥。

民进党执政后，由于政商环境的变化，工商建研会内部出现分裂，不少会员出走或被停权，影响力有所下降。这些出走的成员多转向支持民进党。

据报道，民进党执政后，原与国民党关系密切的神通电脑集团董事长苗丰强、中华开发工业银行董事长胡定吾、阳明海运董事长卢海峰、中华征信所总经理张大为、义美食品公司副董事长高志尚以及福星制衣公司董事长蔡昭伦等退出工商建研会，是工商界领袖由蓝转绿的重要标志①。这几位企业负责人均是民进党的有力支持者。义美食品公司是典型“绿色”企业，企业负责人高腾蛟、高志尚父子长期支持民进党，高志尚更是2000年台湾领导人选举时支持陈水扁的“国政顾问团”成员之一；神通电脑董事长苗丰强虽为外省人，父辈一代支持国民党，但如今苗丰强则明显转绿，他担任董事长的神通国际电脑公司长期在支持民进党与“台独”的《新台湾周刊》刊登广告；新任中华开发工业银行董事长胡定吾曾是陈水扁钦定的人选，在民进党的支持下经过多次较量才如愿当上董事长；新任阳明海运公司董事长卢海峰，与民进党关系密切，于2003年7月以官股身份出任董事长，随即便在“台独”刊物《新台湾周刊》刊登广告；中华征信所总经理张大为尽管被认为曾经较亲宋楚瑜，但却在退出工商建研会后加入典型的“绿色”工商团体中小企业协会，是其政治立场的明显调整。

在被停权的工商建研会名单中，其实也是实际上退出工商建研会，包括了黑松企业的负责人邱义荣与曾翠那（曾翠那是陈水扁凯达格兰学校女性公共事务领导班的成员，是由蓝转绿的重要指标）、太平洋电线电缆集团董事长孙道存与华新丽华集团第二代代表焦佑钧等。其中孙道存与焦佑钧尽管均是外省人，父辈是国民党的支持者，但在民进党执政后也转向民进党。

在“绿色”工商界人物纷纷出走后，工商建研会蓝色标识更加显明。2003年8月5日，工商建研会成立“连宋后援会”，公

① 台湾《新新闻周刊》，2003年8月，第858期。

开替连宋辅选，也是第一个分开表态支持候选人的工商团体。理事长马爱珍在成立大会上发表宣言，支持“连宋配”，希望能促使国亲联盟合作机制更紧密，全力动员，争取泛蓝阵营在2004年台湾领导人选举中取得胜利①。但由于工商建研会得不到民进党当局的支持，资源减少，加上不少有实力的企业负责人出走，其实力与影响力已大不如前，对连宋选举能发挥何种影响力，尚待观察。但此举足以说明，在台湾特殊的政治环境与意识形态认同下，台湾工商团体与政治之间存在着密切的互动关系，在主流工商团体与执政党结盟与合作的同时，也总有部分非主流工商团体与在野党保持密切关系。

第六节　中小企业社团与民进党的关系

国民党执政时期，与工商团体及大企业、大财团关系密切，也较照顾大企业的利益，对具本土性的中小企业相对关照不足，因而中小企业成为民进党积极争取与合作的对象，特别是中小企业以及以中小企业为主组成的民间企业社团成为民进党发展、壮大的坚实后盾。民进党执政后，在“绿化”与加强大型工商团体的同时，继续巩固与发展与民间中小企业团体的关系。

民进党执政后，积极巩固原有的中小企业团体与组织。台湾传统的民间四大社团为青商会、狮子会、扶轮社与同济会，均是有不少中小企业参加的传统社团，也是岛内选举的重要社会经济资源。

青商会是台湾基层企业社团，有会员1万多人。国民党执政

① 台湾《中央日报》，2003年8月6日。

时期，青商会主要由国民党掌控，上届会长刘灿树，是国民党中央党部青年部主任。不过，青商会本土性强，一直较倾向支持民进党，陈水扁、谢长廷与苏贞昌等民进党高层领袖人物均曾是青商会的资深会员①。民进党执政后，新任会长则是亲民进党的蔡世寅，成为民进党的有力支持者。在 2002 年高雄市长选举中，蔡世寅率众前往高雄支持谢长廷。狮子会与扶轮社，会员众多。狮子会有 3 万多名会员，且以中老年人居多，立场比较偏绿。在 2002 年全球狮子会日本大阪年会上，大陆要求把台湾的“中华民国狮子总会”改为“中国台湾狮子会”，引起台湾狮子会的反弹，更加倾向支持民进党。对于这一点，民进党并不讳言。民进党社会发展部主委卓荣泰表示，大陆的这种做法，反而促使这些社团更倾向本土，对民进党自是有利②。同济会会员有 2 万到 3 万人，主要活跃于中部地区，新任会长为周秀珍。这些传统民间组织扎根在基层，本土性较强，较倾向支持民进党。

以中小企业为主建立一些地方企业社团是民进党与陈水扁的重要支持势力。台湾各县市的“工业发展投资策进会”被认为是协助民进党开拓、收编地方工商版图有成的最大功臣③。民进党取得大部分地方县市执政权后，就充分利用“工业发展投资策进会”，发挥其在地方基层的选举与动员功能。如台中县“工业发展投资策进会”曾协助民进党前“立法委员”与台中县长廖永来（目前任“行政院中部联合服务中心”执行长）成立了有 350 家企业参加的“后援会”。民进党台南县县长苏焕智幕后也有以中

① 杨少骐：“收编工商团体，扁政府恩威并施”，台湾《新新闻周刊》，第 855 期，2003 年 7 月。

② 杨少骐：“收编工商团体，扁政府恩威并施”，台湾《新新闻周刊》，第 855 期，2003 年 7 月

③ 台湾《工商时报》，2001 年 11 月 26 日。

小企业为主的“后援会”支持。

在2000年台湾领导人选举中，许多中小企业在许多县市成立了支持陈水扁的选举组织“活力旺后援会”，在选后逐渐发展成为一个全新的民间中小企业组织，如“台东活力旺企业协会”、“嘉义活力旺企业协会”与“台北市活力旺企业协会”等。为了充分发挥以中小企业为主的“后援会”组织在2004年新一届台湾领导人选举中的作用，民进党“社会发展部”积极推动与协调，各地“活力旺企业协会”于2003年7月12日正式登记为民间社团“台湾活力旺企业协会全国总会”，挺竣工程公司董事长古三桂担任总会会长，卓文贤任总会副会长。理事与监事包括金玉堂文化事业公司、新茂建设公司、鼎上营造公司、台禽生物科技公司与宁远法律事务所等单位的负责人[①]。7月19日，该会在台北县政府举行了成立大会。该协会成立的宗旨是，“活力台湾，启动经济，认同本土，投资台湾”。其会歌歌词为：“活力旺乎我旺，大家做伙旺，认真打拼有理想，台湾更加旺”。这个组织被认为是继青商会、狮子会、扶轮社、同济会之后的台湾第五大民间企业性团体，而且自称为“台湾第一大本土性社团”。目前，台湾“活力旺中小企业协会”已迅速建立起北、中、东、南、海外等25个分会，成员超过2000人。

“台湾活力旺企业协会”的英文为HOLLYWANT。“活力旺”的台语发音为“乎你旺”，蕴含生意人的生意旺之意。HOLLY是一种冬青属灌木，WANT是需求的意思，HOLLYWANT意即“尚青”[②]。曾担任“台北市活力旺头家后援会”会长及现“活力旺协会总会”会长的古三桂表示，“台湾活力旺企业协会”是一

① 台湾《今周刊》，2003年8月4日。

② 台湾《新台湾周刊》，2003年8月，第386期。

群以中小企业负责人为主体的组织。台湾有100多万家中小企业主，始终没有受到关注，所以他才把这些中小企业主组织起来。他表示，其他工商团体在政治上多保持中立，怕被贴上“绿色”的标签，但“活力旺中小企业协会”的政治立场显明，就是“挺扁”，支持民进党，希望陈水扁再连任4年，该组织作为争取中小企业群体的平台，就是要担当支持陈水扁连任的大任。

民进党执政后，岛内还成立了多个支持陈水扁连任的民间企业社团组织。2003年初，由台中县市100多位亲民进党的中小企业家发起成立的“福尔摩莎企业联谊会”，是民进党在中部地区的重要支持力量。尽管民进党执政不佳，但该组织则较少公开批评，而是多给予肯定与支持，林信义等高官多次前来演讲。2003年3月底，以义美食品公司负责人高腾蛟主导的多家中小企业负责人发起成立“拼经济联谊会”。这些中小企业包括了义美食品、统富食品、谷盛、美而固、联华实业、佳美食品、111人力银行、冠毓营造、永鹏国际开发、高银化工等中小企业及中兴大学教授吴明敏等近50名工商界与学界人士共同发起①。该组织的五大宗旨包括促进投资、反映企业心声、提出财经建言、推动劳资和谐、为社会及经济稳定尽力等。其实就是支持陈水扁“拼经济”的竞选策略，为陈水扁选举出钱出力。

台湾还有许多联谊性质的工商组织，一般不介入政治活动，但由于企业负责人本身的政治立场与政商关系，也难免与政治发生关系。过去，这些联谊性的工商团体多倾向支持执政的国民党。民进党执政后，形势逐渐发生变化。“绿色”企业及当局的积极介入，其政治性变得更为突出。成立20多年的“金石会”

① 台湾《工商时报》，2003年4月1日。

是一个横跨政界、商界、医界的联谊性团体，一直神秘低调，外界甚少了解。然而，随着2004年台湾领导人选举的逐渐逼近，陈水扁亲信、官派的中华纸浆公司董事长罗胜顺加入，以及负责制作“阿扁传真”电子报与“来去总统府”节目的吴念真被邀请演讲，加上现任会长为“绿色”企业家李成家，使得一向坚守不介入政治的“金石会”格外引人关注，也难掩其偏绿色彩。其实从这一联谊会的成员观察，其“绿色”色彩十分显明。主要成员包括义美食品公司副董事长高志尚、美吾华企业集团董事长李成家、宏碁集团董事长施振荣、台湾电视公司总经理郑优与中华纸浆公司董事长罗胜顺（已加入民进党）等，均是典型的绿色或者亲绿企业家。2002年，台湾中部地区中小企业成立了一个联谊性组织“磐石会”，会员有60到70家企业的负责人，其中三分之一是上市、上柜公司，经营领域涉及金融、营建、电子、电器、食品、塑胶与纺织等产业。2003年6月，“行政院副院长”林信义积极与“磐石会”建立关系，多次前来发表演讲，并听取成员对当局经济政策的意见，使得“磐石会”与官方的关系日益密切。

另外，支持李登辉的民间团体，也是民进党与陈水扁的重要支持力量。“李登辉之友会”虽不是民进党的民间组织，但同属“绿色”民间团体，在对抗泛蓝政治斗争中，则与民进党站在同一条战线，支持民进党与陈水扁。“李登辉之友会”以“稳定政局，振兴经济，巩固民主，壮大台湾”为宗旨。2002年5月，由陈水扁聘为“国策顾问”的黄昆虎出任“李友会总会会长”。目前该组织有16位顾问，60个分会，分会遍及台湾各地及美、日、东南亚等，海外会员约有1万人，总计成员有10多万人。其中以彭明敏、辜宽敏、黄昭堂、高俊明、金美龄、彭荣次等“台独”人物为中坚分子。其企业界成员则包括了诚泰银行董事长林诚一、义美食品公司总经理高志明、三商行集团董事长陈河东、大众银行董事长陈田锚、台证证券公司董事长吴东升、顺天堂制药公司负责人沈重光、东和乐器公司负责人陈文聪、隆美布料公司负责人郭麒麟等[①]。李登辉代表的极端“台独”势力，尽管与民进党政权在施政理念上有所区别，但在对抗泛蓝阵营立场上则高度一致，高度团体，成为陈水扁的重要支持力量。而且，2003 年 8 月，“李友会”与“扁友会”共同成立“李扁之友联谊会”，共同支持陈水扁连任。

上述民间企业社团以及有企业界参加的社团组织，是民进党政权的重要社会基础，也是陈水扁争取连任依靠的基本力量。

第七节　工商团体与民进党的利益交换

工商团体是一个强大的利益团体与压力团体，与执政当局相互合作与支持，甚至进行利益勾结。工商团体的目的是希望得到更多的实质经济利益，执政党则是希望工商团体成为其盟友，配合其施政，支持其政策，以巩固其执政地位。

民进党是以代表小市民利益与弱势群体利益、反对政商勾结的政治理念起家，并实现执政的。执政后，民进党在现实利益考虑下，不得不调整其阶级路线与政商观念，逐渐与工商界、工商团体结成利益共同体，而多有牺牲弱势群体的利益，导致代表弱势群体“泛紫联盟”的诞生与反对民进党官商勾结声音的出现。然而，在台湾特殊的金权政治结构下，“泛紫联盟”难以成为蓝绿两大政治阵营之外的第三势力，对民进党的压力并不大，没有

① 台湾《今周刊》，2003 年 8 月 4 日。

也不会改变民进党与工商团体的利益结盟。以国民党为主体的泛蓝阵营因“黑金政治”的历史包袱，揭露与批判民进党的政商勾结则缺乏说服力与杀伤力，使得民进党的政商关系得以迅速建立。

民进党执政后，通过掌握的政治权力与庞大经济资源，介入工商团体的权利分配，诱导工商团体转向亲近或支持民进党。如今，台湾工商团体的蓝绿格局发生重要变化，公开支持泛蓝阵营的工商团体不多，而且影响力不大。相反，许多工商团体被“绿化”或转绿，已成为民进党政权的重要支持力量与执政基础。

工商团体对民进党的支持则是希望以集体的力量获得更多的经济利益回报。2002 年 8 月，台湾召开了由产、官、学各界参加的“经济发展咨询会议”，对现行财经、劳工、福利等政策进行讨论，并提出建言。工商团体异常活跃，工业总会、商业总会、工商协进会、中小企业协会、工业协进会与电机电子工业公会等六大工商团体成立了“经发会工商联谊会”，时任工商协进会理事长的辜濂松任召集人，商业总会会长王令麟任执行长。这一工商联谊会在“经发会”上积极运作，提出许多有利工商界利益的政策法案，其中不少成为大会的“共识”与“结论”。

“经发会工商联谊会”作为特定时期特定议题的专案组织，这些工商团体负责人认为还不足以长期化与组织化，不易发挥对当局财经政策的影响力，于是在“工商联谊会”第五次会议中决定设立“财经智库”，由中华开发工业银行董事长刘泰英任召集人，吸收台湾综合研究院、台湾经济研究院、中华经济研究院、金融研训院、“中央研究院”与“国家政策研究基金会”，以及财经学者、“立法委员”等加入，随时对与经济发展有关的议题进行研讨，提出政策建言。2003 年初，“六大工商团体”举行春节联谊会，向陈水扁提出“拼经济—改善投资环境建议书”，就“政府组织再造”、“财政与金融改革”、“土地利用”等三项议题提出建议，主要内容包括：取消保留盈余加10%的营利事业所得税，减免台商汇回海外投资获利的租税，降低遗产税及赠与税税率，提供中小企业特别融资及保证机构，快速通过“金融资产证券化条例”与推动“不动产证券化条例”，不宜以行政命令强制上市上柜公司建立专业董监事或独立董事监事制度，改革土地相关税收制度，放宽土地管理规定等，几乎全是为工商企业争取各种利益。同时，执行长王令麟对民进党当局与“行政院院长”游锡堃给予高度赞扬与肯定，并表示“工商界愿意全力支持政府拼经济，将今年经济成长率推上3.5%，并在明年恢复到6%的正常水准，再创台湾经济奇迹”①。陈水扁也亲自参加了“工商联谊会”举行的春节联谊会，并发表讲话，对工商团体建言表示了肯定，表示会尽最大努力进行检讨与推动相关改策。可见，这些工商团体就是通过对当局的公开支持，以换取民进党当局开放更多的政策，为工商界提供更多的商机与利益。随后，民进党当局为争取工商界的支持与选举，不断释放利多政策，以满足工商界的要求。

民进党执政后，先后实施多项土地与产业等租税优惠措施。一是土地增值税减半征收两年。在2001年8月召开的“经发会”上，在工商团体的集体争取下达成“减免土地增值税”等共识。2002年1月，台湾“立法院”面对工商团体的压力迅速通过《土地税法修正案》，接着“行政院”宣布自2月1日起实施土地增值税减半征收2年，到2004年2月届满。二是降低土地增值税税

① 台湾《工华商业》杂志，2003年3月。

率。随后，台湾“财政部”还进一步决定自2004年2月1日起，土地增值税税率从现行的40%、50%与60%分别降为20%、30%与40%，以便与减半征收政策衔接。三是实施当局开发工业区土地租税优惠方案。2003年1月起，台湾当局宣布实施“工业区006688土地租税优惠方案”，即为鼓励企业在“经济部”开发的工业区内投资，在区内投资者前两年土地零租金，第三、四年打6折，第五、六年打8折，第7年回复原租金。适用对象以制造业为主，相关产业为辅。四是公有土地出租实施“三免五减半”优惠。为鼓励重点产业发展，台湾有关部门对租有“公有非公用土地”，给予“三免五减半”优惠，即前3年零租金，后5年租金减半（五折），第9年回复原租金，主要适用“挑战2008发展重点计划”相关产业及相关部门确定的重点产业。五是企业购并、共组金融控股公司，土地转移增值税可以记存到土地实际售出后再课征。这些租税优惠措施名义上是促进产业发展，其实更多的考虑到大企业的利益，因此造成税收的大量流失，严重影响整体经济建设与全民福利的改善。

民进党当局进一步增加企业种种优惠贷款方案。民进党上台后，一方面设立不少新的专案基金或各种优惠贷款，另一方面在2004年选举来临之前增加原有专案基金额度，以争取工商界的支持。为解决传统企业经营困难问题，台湾当局设立了“传统产业专案贷款暨信用保证专案”，贷款总额度为15000亿元新台币，到2003年10月19日届满，于是台湾“行政院”宣布自2003年9月1日起增加银行自有资金3500亿元新台币，办理“传统产业贷款暨信用保证专案”，贷款利率在2.7%至3.2%之间，并拟延长办理期限到2004年10月19日。这项政策可使42000家企业受惠。台湾经济官员明确表示，此举为进一步刺激经济景气，彰显政府重视传统产业与经济发展效果。其实此举为选举考虑与争取工商界支持的意图甚为明了。

民进党特别注意对中小企业的资金支持，积极协助中小企业的发展，解决他们在经营过程中遇到的问题。2002 年，陈水扁指示成立"振兴产业优惠基金"，也称"兆元基金"，提供中小企业发展的融资与支持。2003 年 7 月，陈水扁为争取中小企业的支持，又采取一系列措施，其中包括在未来五年内将中小企业信用保证基金每年增加 100 亿元新台币，五年合计 500 亿元新台币，预计可创造 10 倍的融资能量，创造 12.5 万个就业机会[①]。该信用保证基金贷款利率不超过 5%，贷款范围不限，并于 2003 年 11 月起正式实施。

民进党执政后一改过去反对国民党对金融企业"纾困"措施与态度，进而延长金融机构减税措施。特别是加快了金融改革步伐，民进党上后先后制订并立法通过了《金融机构合并法》(2000 年 12 月生效)、《金融控股公司法》(2001 年 7 月生效)、《公司法》(2001 年 11 月生效)、新修订《产业升级条例》(2002 年1 月通过)、《企业购并法》(2002 年 1 月通过) 与《金融资产证券化条例》(2002 年 6 月) 等，这些法案虽是重要的金融与财经改革法案，但其中均制订了有关租税优惠规定，对所得税、印花税、契税、证券交易税、营业税、土地增值税等采取不同程度的减免优惠，在很大程度上减轻了金融机构与企业的经营压力，并创造了许多可观的商机，从而大大满足了金融机构与大企业的要求。

2003 年初，台湾"立法院"审议《不动产证券化条例》、《农业金融法》、《金融重建基金设置与管理条例》等相关大企业利益

① 台湾《新新闻周刊》，第 854 期，2003 年 7 月。

的法案，由于各政党意见相差太大，协商未果，导致多项法案未能通过。随后，台湾行政部门将责任推给“立法院”，认为是在野泛蓝势力阻挠。随后，台湾工商团体通过刊登广告与私下游说等方式，对泛蓝阵营施压。考虑到台湾大选的来临与工商团体的庞大势力，泛蓝阵营有所妥协，在 2003 年 7 月举行的“立法院”临时会议中，除《金融重建基金设置及管理条例》未通过外，一举通过《不动产证券化条例》、《农业金融法》、《金融监督管理委员会组织法》与《自由贸易港区设置条例》等 4 个重要财经法案，以民进党与工商界的胜利而结束了这次特别的“临时会议”。

民进党当局与工商团体合作，直接干预银行经营活动，以不当手段维护经营不善的企业利益与稳定经济，是典型的利益交换。最为典型的案例莫过于“银行公会”所订立的“银行公会会员自律性债权债务协商及制约机制”。其中规定：第一，对于缴息正常的企业，借款本金到期后，或原贷款银行拟缩减贷款额度、不给予续借或不给予延期，贷款企业可以请求最大债权银行召开债权债务会议，协商续借。第二，该会议若有债权总额三分之二以上的银行出席，以及出席银行债权总额二分之一以上同意，全体债权金融机构应一致遵守，继续贷款。第三，银行违反上述协商决议者，呈报“财政部”与“中央银行”处理。第四，金融机构承办此类案件的人员，免除相关行政责任。这一条款实际上就是说，一个企业经营不善，甚至有倒闭的可能，只要能按期偿还银行贷款利息，银行就无权主动收回债款，可能让银行大量贷款变为呆账坏账。同时这一规定也剥夺了银行的经营自主权。银行公会这项规定表面上是对所有企业的协助，但实际上只有大企业、大财团才能获得如此的待遇与利益，因为中小企业不可能向多家银行进行借贷，只有大企业才有此能力，才能获得这一保护伞。

这一条款的背后，一定有民进党当局的授权与参与，否则一个“银行公会”组织没有如此大的权力。这样做的目的表面上是解决企业经营困难，稳定经济，避免企业财务危机或企业大量倒闭，实际上希望获得工商界对执政党的有力支持，稳定执政权。其另一重要考虑是，这一措施虽会导致银行呆账的增加，但只要“金融重建基金”能够在“立法院”通过，则将这些坏账转移给“金融重建基金”处理，问题即可解决，风险降低，实际上就是让全体人民为财团与银行承担风险，让财团支持政府。

这一条款还涉及民进党政府的权力滥用问题。对违反协议的银行由“财政部”与“中央银行”处理，若是公营银行，也许说得过去；若是民营银行，这样做等于是政府介入企业的经营，是“以政干商”。这一条款协约也违背了“公平交易法”，实际上是一种违法行为。然而，在民进党的民粹主义统治下，在所谓的民主社会，这一规定竟然能大行其道，其背后就是庞大的政商关系与利益勾结。台湾媒体提出这样的质问：“是谁纵容政府与银行公行制订此种约款？查一查各大工商团体的理事长是谁，那一位理事长的公司又是财务困难的企业，答案自然浮现。是谁指示或默许银行公会这种联合行为？财政部难辞其咎。因为从民国九十年五月到今年五月，财政部先后五次备查、洽悉银行公行的约款在案”①。

从这一案例可以发现，工商团体与执政党是如何在表面合情合理下实现政商勾结与利益交换的。可以说，民进党执政3年多来，处理经济问题的能力没有多大提高，执政经验也没有增加多

① 台湾《联合报》，2003年7月26日。

少，但经营政商关系的本领早已超越了它曾猛烈批判的国民党旧政权，也许这是台湾金权政治与商业文化的宿命，谁执政似乎也走不出政商结盟的怪圈。

第五章　“绿色”智库筑起新的政商关系

民进党执政后，在“绿化”原有智库的同时，纷纷成立各种新的智库与相关财团法人组织，并由此延伸出广泛的政商关系，凝聚成一股新的政商社会力量。不过，民进党控制的智库与相关财团法人组织也走上了国民党政商勾结的老路，引发不少官商利益输送的弊端。

第一节　“绿化”原有财经智库

国民党执政时期，建立了许多颇有影响的智库，其中财经智库主要包括了台湾经济研究院、中华经济研究院、台湾综合研究院等。民进党执政后，通过人事调整逐渐掌握了这些的智库大权，实现了“绿化”。

台湾经济研究院是台湾最早由民间企业捐助成立的财经智库。其前身是 1975 年成立的“财团法人台湾经济研究基金会”，主要由辜氏家族的和信集团捐助成立，创办基金为 7000 万元新台币，同时有官方背景与资助。该院下设研究一所到研究六所等 6 个研究所，另外还设有资讯服务处与东京事务所等机构，建立有庞大的资料库，每年出版多个刊物，是台湾知名的经济研究智库。目前荣誉董事长为辜振甫，董事长为辜濂松，院长为“亲绿”学者吴荣义。辜氏家族的辜振甫与辜濂松是国民党要员，台湾经济研究院也就成为国民党执政时期的重要智库与支持力量。不过，辜氏家族与民进党当局关系也较佳，特别是院长吴荣义与陈水扁、民进党关系密切，是“绿色政权”的强有力支持者，因此台湾经济研究院获得不少当局委办业务，实际上是一种变相的经济支持。目前台湾经济研究院还设有官方委托成立的亚太经合会（APEC）研究中心与产业咨询委员会（ABAC）秘书处等机构。吴荣义还兼任“台湾智库”顾问、“国安基金委员”、“经济部两岸经贸产官学小组成员”与 APEC 研究中心执行长等职。在两岸经贸关系主张等方面，吴容义与民进党当局立场完全一致，经常为陈水扁的大陆经贸政策辩护。2003 年 6 月，吴容义以“台湾经济研究院院长”身份成为陈水扁“总统府经济顾问小组”成员，扮演陈水扁“拼经济”的推手。

中华经济研究院成立于 1981 年，主要经费来源为官方的“经建会”，同时有不少工商界的捐助，主要捐助者也是中华经济研究院的董事会成员。该研究院下设有大陆研究所（第一研究所）、国际经济研究所（第二研究所）、台湾经济研究所（第三研究所）、能源与环境研究中心、经济展望中心等，主要以研究台湾经济、大陆经济与国际经济为主，同时在能源与环境经济、各种经济模型建立等方面颇具知名度。由于该院具有浓厚的官方背景，长期扮演国民党政权的主要智库角色。民进党执政之初，由于该研究院政治立场偏蓝，受到民进党当局的有意打压与排挤，官方委托案件与支持减少，财务一度出现困难。2002 年，陈水扁当局任命国民党副主席萧万长出任中华经济研究院董事长，被认为是收编萧万长与有意“绿化”中华经济研究院的重要举措。此后，该院的官方委托项目增加，财务情况也有大的改善。

萧万长任董事长后，邀请陈添枝出任中华经济研究院院长。陈添枝是知名学者，同时兼任“蒋经国学术交流基金会”执行长、“经济部顾问”与陈水扁“总统府国策顾问”等职，在学界、商界、政界关系广泛，尤其是与民进党关系日益亲近。萧万长于2003年6月出任“总统府经济顾问小组召集人”，陈添枝也以中华经济研究院院长身份成为其成员之一，共同协助陈水扁“拼经济”与“拼选举”。

民进党当局对中华经济研究院的支持力度增强，委办项目明显增加。2003年9月，由台湾“经济部”与“外交部”等部门共同出资6000万元新台币，在中华经济研究院成立“WTO中心”，主要承担研究、支援与训练等方面的任务，即对特定议题进行前瞻性研究，支援政府对外谈判和咨商，训练和培养相关人才。如今，中华经济研究院已成为台湾当局的重要“绿色”财经智库。

台湾综合研究院曾是李登辉政权的重要智库之一。1994年初，由李登辉亲信、前中华开发工业银行董事长刘泰英主导成立，原设立基金为2亿元新台币。此后，资金来源也主要由中华开发工业银行等企业所提供。该院下设有经济、科技、政治、战略暨国际关系等4个研究所。国民党失去政权后不久，台湾综合研究院在台北县淡水兴建了新的办公大楼，作为李登辉退休后的活动中心。目前，李登辉任台湾综合研究院荣誉董事长，前彰化银行董事长罗吉煊为董事长，刘泰英任院长。

台湾综合研究院不仅是一个智库，而且肩负重要的政治任务。一是承担大量对美国的游说资助任务。该研究院与美国卡西迪公司曾多次签约，提供数百万美元经费让其为台在美国国会进行游说。二是肩负情报工作。该院与台湾情报部门关系密切，许多经费来自台湾“国安局”。据媒体报道，新建办公大楼经费是由台湾“国安局”支付的。台湾综合研究院成立后，每年从“国安局”的“定远专案”获得秘密经费，平均每年达2000万元新台币①。“国安局”有一项“情报咨询调研运用费”预算项目，提供一定经费给台湾综合研究院进行情报研究工作。“国安局”局长蔡朝明曾表示，1999年以前支付给台湾综合研究院的经费，他不知情；2000年年度支付经费为2010万元新台币，2001年度为1890万元新台币，2002年“情报咨询调研运用费”预算编列了1.4亿元新台币，“定远专案”编列预算46亿元新台币，提供经费的主要原因是考虑到该院在国际战略、两岸关系及外交研究领域具有较强的实力。其实这只是借口，关键在于该研究院是李登辉在两岸及国际方面重要智库。院长刘泰英对外界表示，1987年成立战略暨国际关系研究所（对外称“四所”），所有业务由“国安会”专案小组指定，前所长林碧昭也是由专案小组任命，每年委托经费为2000万美元。其中该院战略与国际研究所副所长施子中，退伍前军职是主管情报研究分析的“国安局”第四处处长。亲民党“立法委员”还指称“国安会”一笔巨款经台湾综合研究院流入台联党与李登辉的“群策会”②。

民进党执政后，台湾综合研究院继续由李登辉掌控，尽管不再扮演游说美国的任务，但与情报系统关系依旧密切，是民进党政权的重要合作对象与战略研究智库。

由长荣集团张荣发投资成立的“国家政策研究院”（曾名为“国家政策研究中心”），是李登辉执政时期的重要民间智库，基金1亿多元新台币。田弘茂长期担任董事长兼院长。陈水扁上台后，田弘茂被邀出任台“外交部长”，台联党主席黄主文接任院

---

① 台湾《联合报》，2001年12月26日。

② 台湾《联合报》，2002年1月4日。

长一职。该研究院为民进党培训了许多重要干部，民进党执政后，不少重要官员出自该研究院。由此可见，“国家政策研究院”虽为李登辉与台联党掌控，但也同属绿色阵营，仍是民进党的重要支持力量。

此外，台湾还有不少以基金会与研究机构等形势出现的智库，也在民进党执政后迅速转化为“绿色”智库。

第二节 建立新的智库组织

民进党执政后，为广泛吸收社会各界精英与人才，建立绵密的政商社会关系网，相继建立了多个新的“绿色”智库，主要包括“台湾智库”、“台湾科技产业协会”、“知识经济社会推动委员会”、“台湾管理学会”等。

一、台湾智库

2000 年 11 月，陈水扁委托台湾证券交易所董事长林钟雄与“国家安全咨询委员会”委员林佳龙等亲信筹设。林钟雄长期支持陈水扁与民进党，不仅是民进党创党时期的元老级顾问，也是陈水扁 2000 年选举时的“国政策顾问团”成员，被认为是陈水扁的“财经国师”。2001 年 12 月 30 日，台湾智库正式宣告成立，基金规模为 6000 万元新台币。林钟雄被推举为首任董事长，但因健康原因，后由亲绿学者、前“经建会”主委陈博志出任董事长，台湾大学管理学院院长柯承恩任执行长。

台湾智库资金捐助者主要包括华侨银行董事长林明成、大安银行董事长高志尚、金宝电子公司董事长许胜雄、富邦产物保险公司董事长蔡明忠、日盛证券公司董事长陈国和、土地银行董事长魏启林、国泰金融控股公司董事长蔡宏图、三商行董事长陈河东、大陆工程公司总经理殷琪、台湾工业银行总经理骆锦明、奇美实业公司董事长许文龙、环福公司董事长吴荣建、合森企业董事长戴一义等，其中以许文龙捐助最多。台湾智库办公室也设在奇美集团大楼。董事包括林钟雄、林明成、林佳龙、李界木、柯承恩、柯承亨、高志尚、许志雄、陈国和、陈鸿荣、陈河东、蔡宏图、龚照胜等。不论是捐助者或董事，均是典型的民进党人士或支持民进党的人士。其中，董事长陈博志是典型的亲绿人士，本土意识强烈，长期反对台商到大陆投资，肯定与支持李登辉提出的“戒急用忍”政策，因此获得李登辉的信任，曾任李登辉的“经济顾问”。民进党执政后，陈博志应陈水扁之邀出任“经建会”主任委员，离职后出任台湾智库董事长，同时兼任“行政院财经小组成员”。陈博志出任台湾智库董事长后，为陈水扁策划了包括“大溪会议”、“台湾经济战略会议”等多个重要会议，提出许多战略构想。

该智库是以“政策取向、推动策略及强化沟通对话”为三大工作目标，主要职能为就亚太事务与“国家安全”、WTO的因应对策、大陆（两岸关系的双轨机制）、“国家改革”（“政府”改造、“国会”改造与“宪政改革”）、农业、科技、财经与社会发展等议题向政府提出建言。未来进一步增设文化、“国土”规划、经济与“国防”等论坛。目前八大论坛成员与主要功能介绍如下：

财经论坛。召集人为台湾经济研究院院长吴荣义，主要成员包括龚照胜（瑞士信贷第一波士顿台湾区总裁）、魏启林（土地银行董事长）、金文悦（律师）、邱宏仁（台湾大学教授）等。为智库成立最早的论坛，主要针对筹设境外资本市场的可行性、放宽两岸金融业务往来的利弊与配套措施、金融改革等提出对策。

科技论坛。召集人是新竹科学园区管理局局长李界木，主要成员包括林逢庆（“资策会”董事长）、谢清志（“国科会”副主委）、陈政然（番薯藤执行长）等。主要研究台湾科技产业的利基与发展环境、与“行政院”科技顾问组合作规划引进印度高科技人才、制订台印企业技术交流计划、研究台湾科技产业全球布局的国际竞争战略等。

农业论坛。召集人是台湾大学教授吴明敏，成员包括黄昆虎（“国策顾问”）、高志明（义美食品公司总经理）、林庆宏（台湾大学教授）等。主要针对WTO对农业的冲击提出具体因应对策、接受“农委会”委托的“台湾农业问题和对策研究”专题计划，并提出相关农业政策建言。

“政府”改革论坛。召集人为“劳委会”顾问刘进兴，成员包括柯承恩（台湾大学管理学院院长）、许宗力（台湾大学法律系教授）等。针对就业问题与退休生活两大主题进行研究，具体包括失业保险、退休金条例改革、劳动体制的转型与改革问题等。

大陆论坛。召集人为前中华经济研究院副研究员范锦明（现已退出，由张佩珍代理），成员包括陈明通（“陆委会”副主委）、颜万进（“海基会”副秘书长）、苏进强（台联党秘书长）、卢企祥（台湾经济日报社副社长）、林佳龙（“国安会”咨询委员）等，主要就两岸关系、两岸经贸及大陆政治与经济等问题进行研究。

亚太论坛。召集人为“国安会”咨询委员高英茂，成员包括高志尚（大安银行董事长）、吴志忠（东吴大学政治系教授）、陈文贤（“外交部”研设会组长），主要分析中国大陆周边战略环境，不定期与美、日、俄等国智库举办圆桌会谈，研究有关台、日、美战略合作以及台美关系等。

WTO论坛。召集人为淡江大学教授郭建中，成员包括黄昭元（台湾大学法律系教授）、廖英智（律师）、赖中强（淡江大学大陆研究所教授）等，就入世后的法律、贸易纠纷、仲裁机制等进行研究及提出政策建议。

从台湾智库的捐助者与成员观察，是清一色亲绿或本身就是民进党的人士。可以说，台湾智库是民进党执政后成立的最具实力、涉及范围最广的大型智库，并由此建立起庞大的政商与社会关系网。

表 5-1　台湾智库成员

董事	单位	捐助人	单位
林钟雄	台湾证交所董事长	同左	同左
林佳龙	“国安会”咨询委员	同左	同左
林明成	华侨银行董事长	同左	同左
李界木	新竹科学园区管理局局长	殷琪	大陆工程公司董事长
柯承恩	台大管理学院院长	吴荣建	环福公司董事长
高志尚	大安银行董事长	同左	同左
许志雄	政务委员	许文龙	奇美集团董事长
陈国和	日盛集团总裁	同左	同左
陈鸿荣	证券交易所顾问	戴一义	合森企业董事长
陈河东	三商行董事长	同左	同左
蔡宏图	国泰人寿公司董事长	同左	同左
魏启林	土地银行董事长	骆锦明	台湾工业银行总经理
龚照胜	瑞士信贷第一波士顿台湾区总裁	同左	同左

注：董事职务以当时任职情况为准，后有调动与变化。

资料来源：台湾《工商时报》，2001 年 12 月 31 日。

二、台湾产业科技协会

2002年1月11日正式成立。筹备委员包括刘泰英、姚嘉文、胡胜正、柯建铭、李界木与何寿川等。在理事监事选举中，中华开发银行董事长刘泰英被选为理事长，“立法委员”柯建铭、交通大学校长张俊彦、工业研究院光电研究所副所长黄德瑞、“总统府”科技咨询委员会执行长黄昭渊（“北美台湾教授协会”成员)、工业区厂商联合会理事长黄宗源（台联党“立法委员”）当选为副理事长。“总统府资政”、民进党元老姚嘉文担任监事会主席。

该协会是典型的“绿色”智库，成员不仅包括了“扁派”，也包括了“李派”与“独派”。该协会强调“台湾优先，全球布局”，宗旨为“利用高科技人力促成传统产业升级，吸引高科技产业在台深耕，建立绿色矽岛”。该协会强调“不走大陆投资路线”，认为大陆不是台湾产业升级与转型的唯一道路，而主张走“国际路线”，并选定纳米、生物医学、数字视讯、系统整合芯片等创新科技为“可塑产业”，因此将该协会定位为在“结合认同台湾优先的人士，共同为台湾产业科技的国际地位打拼”，并计划在美东、美西、加拿大等重要华人科技圈成立多个分会。其宗旨或主张与陈水扁执政后提出的政策理念与主张完全一致，具有浓厚的政治色彩、本土化色彩与政商结盟色彩。

台湾产业科技协会成立的一个主要背景是争取科技企业与科技人才的支持，以对抗国民党色彩浓厚的“玉山科技协会”。台湾玉山科技协会成立于2001年5月底，是“全球玉山科技协会”的分会，理事长为国民党智库“国家政策基金会”董事长刘兆玄，团体与个人会员约580多位，主要成员包括了台湾大学校长陈维昭、台积电集团董事长张忠谋、联电集团董事长曹兴诚、永丰余集团董事长何寿川与宏碁电脑董事长施振荣等[①]。为了争夺科技界与产业界的支持，形成团体力量，分化国民党的玉山科技协会，削弱泛蓝政商力量，民进党幕后策划成立了台湾产业科技协会。目前该协会会员有300多个，其中团体企业会员包括中华开发银行、宏碁电脑公司、交通银行、中环公司、铼德公司等大型科技公司与工业银行等，其余多为个人会员。不论是团体会员，还是个人会员，大多是本土性较强的科技企业或企业负责人，其中许多是陈水扁或民进党的大力支持者，如民进党籍“立法委员”柯建铭在台湾科技界关系广泛，在成立过程中扮演关键性角色。李界木是陈水扁在科技界另一重要人物，不仅是该协会的发起人之一，而且被任命为新竹科学园区管理局局长，随后正式加入民进党。番薯藤公司执行长陈正然，是民进党新潮流系成员，更是科技界“独派”色彩浓厚的人物。“资策会”执行长（已升为董事长）林逢庆曾是陈水扁任台北市政府时的建设局局长，随后加入民进党。另外，也包括不少过去泛蓝阵营的支持者，如大同公司总经理林蔚山、与连战私交甚深的永丰余集团董事长何寿川、诚信创投公司负责人李正明等。可见在政治环境变化下，工商界也不得不向当权派靠拢与亲近，以保持既得利益或争取更多的利益。

台湾产业科技协会的成立，不仅成为民进党政权重要的科技与产业方面的政策智库，有助于民进党加强与科技产业界的关系，为其制订科技与产业政策提供决策参考，而且由此形成一个以“绿色”企业与人士为主、广泛吸收泛蓝企业的政商关系网。

---

① 台湾《联合报》，2002年1月12日。

三、其他新成立的“绿色”智库

除了最具影响的台湾智库与台湾科技产业协会外，民进党还策划成立了其他新的“绿色”智库组织，包括“知识经济社会推动委员会”、“台湾管理学会”、“台湾数位视讯协会”等。

民进党执政不久，即2000年底，台湾经济研究院院长吴荣义发起成立“知识经济社会推动委员会”。其他发起人还包括台积电董事长张忠谋、宏碁集团董事长施振荣、义美集团副董事长高志尚，嘉新水泥公司董事长张安平、金宝电脑公司董事长许胜雄，“资策会”董事长黄河明等产官学界22人。主要目的是帮助陈水扁当局就经济发展提供政策建言与协助。随后，陈水扁宣布“2001年是台湾知识经济推动元年”，开始积极推动所谓的“知识经济”。

台湾管理学会成立于2001年5月。主要由“行政院院长”游锡堃主导，结合台积电董事长张忠谋、台新银行董事长吴东亮、富邦产险公司董事长蔡明忠等共同推动与出资成立。游锡堃担任理事长，成员包括柯承恩、吴东亮、高志明、黄明河、蔡明忠与魏启林等人。其目的主要是与原由国民党时代成立并由泛蓝阵营主导的“中华管理学会”对抗，积极与泛监阵营争夺人才、企业与其他经济资源，壮大民进党在企业界、学界的力量。

第三节　“绿化”与组建基金会

台湾政党构建以“人脉”（人际关系）、“金脉”（金钱往来）为主体的政商关系方式多种多样，其中以智库与基金会等为主体的财团法人是最简单易行的途径之一，因此台湾的各种财团法人机构特别多，成为台湾社会结构中一个特别重要的组成部分。据台湾“财政部”调查统计，到1993年底，台湾财团法人共有2150个，其中，文教类970个，医疗卫生类90个，社会福利慈善事业类201个，宗教类739个，其他150个；到1997年，登记在案的财团法人超过4000个[①]，估计目前至少达4500个。其中以基金会形式出现的财团法人机构相当多，涉及教育、文化、科技、医疗、环保、宗教、休闲、经济等诸多领域，具有重要的社会功能。这些公益团体来自社会的捐款数额庞大，是一笔庞大的资源。据台湾“主计处”最新统计，台湾公益团体每年募捐总额达400亿元新台币[②]。

据长期专门研究基金会的台湾喜马拉雅研究发展基金会统计，到1998年初，台湾约有2000个左右的基金会，正式登记者共有1595家，较两年前增加了50%。其中台湾排名前50大的民营企业几乎都有基金会[③]。在各种基金会中，以文教基金会最多，多半是办理奖学金、赞助或举办文化性与公益活动。基金会的经费来源不一，有来自大财团的，有来自个人捐款的，也有来自政府或公营企业的。据1994年的一项调查，台湾基金会的经费来源，由非官方、非特定企业支持的占62.8%；由特定企业支持的占24%；企业与官方共同支持的占10%；由官方支持的占3.2%。这些财团法人或基金会，除少数为真正的公益事业机构外，大多数实际上成为建立政商关系的大本营与利益输送的管道。

台湾政要、“民意代表”与企业热衷设立各种基金会，美其

① 王建民：《台湾的“黑金政治”》，厦门鹭江出版社，2000年版。
② 台湾《联合报》，2003年9月18日。
③ 王建民：《台湾的“黑金政治”》，厦门鹭江出版社，2000年版。

名为公益事业，其实许多变为政商结合的据点，拉帮结派，形成一股势力。其中政治人物建立基金会的一个主要功能就是建立政商关系与筹集政治资金。

这种旨在建立政商关系的基金会等财团法人组织，曾经是民进党批判国民党“黑金政治”的主要对象。不过，民进党与“台独”势力也早在私下建立起自己的基金会。民进党执政后，不仅未能彻底改革，而且迅速建立起多个新的基金会等财团法人组织，以此发展新的政商关系。

民进党执政前，民进党及“台独”势力建立的基金会如“国际文化基金会”、“台湾文教基金会”与“福尔摩沙基金会”等，幕后或公开支持民进党。前“台独联盟”主席黄昭堂、建国党主席许世楷、台湾大学教授李鸿禧与“经济部”前次长杨基铨等于1997年成立“国际文化基金会”，经费1000万元新台币，全由杨基铨夫妇捐助①。杨基铨于1972年应台湾“经济部长”孙运璇之邀出任台湾“经济部”常务次长，后担任土地银行、华南银行等公营银行董事长，1988年退休后受友人庆丰集团董事长黄世惠之邀担任国泰信托公司（现改为庆丰银行）副董事长。该基金会主要从事宣传“台独”理念与从事“台独”活动，经常发表文章或刊登广告，主张“台湾主权独立”与“台湾永远脱离中国”。海外“台独”人士王桂荣建立了“台湾文教基金会”。陈水扁主导成立的“福尔摩沙文教基金会”，吸收与结合了一大批“台独”人士与“绿色”企业人士，成为陈水扁长期的坚定支持力量。

“福尔摩沙文教基金会”一直被外界视为陈水扁的“私人金库”，目前董事长为陈水扁妻子吴淑珍。陈水扁在历次重要选举

---

① 台湾《财讯》杂志，1998年10月。

中，或担任“立法委员”与台北市长期间，该基金会一直扮演重要的组织、动员、民调、募捐等角色。特别是由赞助与支持“福尔摩沙文教基金会”的中小企业界人士组成的“福尔摩沙联谊会”，以陈水扁出身的台南北门扶轮社为班底，是陈水扁最坚实的支持力量。该联谊会成员维纺隆公司董事长黄维与“中钢公司”董事长林文渊被称为陈水扁的两大“掌柜”①，即主要负责募款任务。该基金会则出资3000万元新台币，成立凯达格兰学校，作为培养各界“绿色”精英人才的基地。

陈水扁在任台北市长时，就学会国民党利用基金会建立政商关系的一套做法，通过他兼任董事长的台北市文化基金会积极与大企业、大财团建立关系，使陈水扁的政商关系迅速形成。当时捐款支持台北市文化基金会的知名企业或财团主要包括远东、国泰（霖园）、富邦、新光、长荣、远东、国扬、国巨、太平洋电线电缆、三商行、台湾合成橡胶、台凤、和信、嘉新水泥、义美、东元电机、味全食品、康和建设、黑松、南港轮台、联华电子等②。这些企业捐款名义是支持公益事业，实际上是支持陈水扁，并建立政商关系。其中许多大财团捐款与获取土地变更利益密切相关，成为当时媒体批评陈水扁与财团勾结及进行利益输送的弊案，其中陈水扁兼任董事长的台北市文化基金会成为利益输送的“白手套”。所谓土地变更，即台北市政府将这些财团拥有的工业用地变为商业用地等，使得土地价格可在一夕之间上涨数倍或数十倍。如远东集团捐款500万元新台币给台北市文化基金会，通过幕后运作，台北市政府就可将远东集团在台北市的部分土地依法转变用途，通过开发就可获得39亿元新台币的收益。

---

① 台湾《财讯》杂志，2003年10月。

② 台湾《联合报》，1998年11月13日。

此一弊案曾得到台湾“监察院”的发文纠正。另外，陈水扁任台北市长期间，有许多大企业捐助支持市政府举办的大型活动，这些企业除了富邦集团、新光集团等大财团及义美食品、台湾明治等长期友好的企业外，还包括味全、味王、阳信银行、康和建设、康和证券、国丰兴业、南港轮台、杨铁工厂、神通电脑、黑松、捷和建设、台北丽那、惠普、可口可乐、晶华酒店、“中国时报”、统一等企业[①]。民进党执政后，这些企业与民进党的关系更为密切，是民进党当局政商关系的主要基础与支持力量。

表 5-2　企业界捐助台北市文化基金会与土地开发利益

企业名称	捐款数额（万元新台币）	土地开发后的价值（亿元新台币）
远东集团	500	39
霖园集团	700	不详
新光集团	200	不详
国扬集团	2000	48
国巨公司	300	不详
太电集团	425	27
台凤公司	100	不详
“中国信托公司”	100	不详
嘉新水泥公司	200	48

资料来源：台湾《联合报》，1998 年 5 月 1 日。

民进党执政后，民进党与亲绿势力继续组建新的基金会，巩固民进党政权。2001 年 6 月，由民进党发起成立的“台湾智库基金会”，是一个重要的政商结合势力。由现“行政院”院长游锡

① 张莆雅：“独家挖掘陈水扁的企业金脉”，台湾《独家报道》杂志，1998 年第 583 期。

堃任董事长。捐助者主要包括三商行董事长陈河东、工业银行总经理骆锦明、富邦产险公司董事长蔡明忠与大陆工程公司总经理殷琪等典型的“绿色”企业家，共筹资6000万元新台币。

2001年11月，在民进党海外“台独金主”吴澧培的主导下，美国台籍人士共同筹资300万美元（其中吴自己出资100万美元，另外每年还额外提供100万美元活动经费），成立“台湾基金会”，专门在美国从事对台游说工作，促成美国修改“与台湾关系法”，以保障台湾安全。吴澧培是知名的海外“台独”人士，现为美国万通银行董事长，长期支持陈水扁与民进党。在2000年台湾领导人选举中，“台独”人士成立了“海外扁友会”，总计有45个分会，会员超过12万人，吴澧培任“海外扁友会”总会长。他表示，在2000年台湾选举时，“海外扁友会”发动了3500名台侨返台拉票。陈水扁上台执政后，吴被聘为“总统府国策顾问”。在2001年台湾“立法院”选举中，吴澧培又率300多位海外扁友会成员返台，为民进党助选①。

另一“绿色金融家”与陈水扁好友为诚泰银行（前台北市第三信用合作社）董事长林诚一，主导成立了“台湾政经基金会”（也称“诚泰基金会”），以每年150万美元委托美国卡迪西公司进行国会游说工作。林诚一因长期支持民进党与“台独”，民进党上台后迅速浮出台面，被陈水扁聘为“国策顾问”，并扮演陈水扁幕后游说美国及“外交”工作角色。

民进党上台后，利用手中大权与资源，也迅速掌握了不少拥有庞大资源的官方控制的基金组织。台湾“冻省”前由台湾省政府捐资50亿元新台币成立“台湾省学产基金会”，目前由“教育

---

① 台湾《工商时报》，2001年11月24日。

部长”黄荣村担任董事长，成为民进党当局的重要基金之一。

台湾最大的基金会“华航发展基金会”已全由民进党人士或支持民进党的人士掌控。“华航发展基金会”拥有中华航空公司72%的股份，在9席董事中有5席官派董事，其中董事长由亲李登辉的蔡兆阳出任，总经理一度由亲民进党的宗才怡出任（后升任“经济部长”，曾是美国“台独”团体的积极参与者，与丈夫陈建隆在2000年台湾领导人选举时为陈水扁筹款上亿新台币）。华航公司已公开在民进党与“独派”的刊物上刊登广告，变相支持民进党或“台独”势力。

台湾“侨委会”独资捐助的“海华基金会”，基金总额为4亿元新台币，虽然资源不算十分丰厚，但权力争夺仍十分激烈。2002年底，该基金会董事长曾广顺病逝，台湾“侨委会”有意让“国策顾问”、亲绿学者萧新煌出任，结果被拒绝。2003年7月，基金会进行第四届董事与监事改选，民进党当局提出修改章程，希望将现行13席董事增为17席，其中官方代表由5席增为9席，以便主导该基金会，却引起原有董事会的反对。原董事会在官方未派代表的情况下自行召开董事会，选出新一届董事与监事，其中柯文福继续担任董事长。民进党当局对此不满，有意解散该基金会。这就是民进党的作风，能“绿化”就“绿化”，达不到目的就进行打击与铲除。从这个基金会的权力斗争可以看出，民进党对各种基金会十分重视，尽最大努力去掌控与争夺，以掌控资源，建立政商关系网。

第四节 “绿化”大型财团法人机构

台湾官方捐助成立的财团法人组织众多，至少在100个以上，尽管规模不一，利益大小不等，但仍有着不可忽视的经济与选举资源。民进党执政后，为掌握更大的经济与社会资源，对许多重要财团法人组织进行“绿化”与掌控。

“资讯工业策进会”（简称“资策会”）。“资策会”成立于1979年，是台湾资讯产业最重要的组织，被称为“台湾资讯产业的智库”，在高科技产业界影响巨大。该组织由前知名财经官员李国鼎所创办，其中当局捐助5000万元新台币，企业界捐助了8000万元新台币，目前员工超过1000人，可以说资源丰厚。在民进党执政后的首次董事与监事改选中，民进党高层内定由扁系人马林逢庆接任“资策会”执行长一职，同时规划由“政务委员”蔡清彦任董事长，但引起内部反弹，最后由民进党“立法委员”柯建铭推荐无党籍的黄河明（也较偏绿）出任董事长。在2003年7月举行的第九届董监事会议上，正式选举现任执行长林逢庆接替黄河明出任董事长一职。新任董事长林逢庆与扁当局关系良好。陈水扁任台北市长时，林逢庆出任市建设局长；陈水扁当选台湾领导人之后，林逢庆到“资策会”任执行长，被认为是典型的“国王人马”。2002年，林逢庆正式加入民进党。执行长由柯志升出任，黄明河出任资深顾问，同时“总统府顾问”黄国俊出任副执行长。黄国俊是台湾旅英的科技界人士，也是“总统府秘书”马永成的好友，曾协助陈水扁赴英国伦敦政治经济学院演讲。在“资策会”人事调整中，充分体现了权力争夺与“绿化”的影子。黄明河任职一届就被撤换，据说与黄明河曾代表新党参与“经发会”有关，加上黄明河与民进党当局在两岸经贸政策主张上的分歧，黄明河实际上是被迫辞职的。

目前“资策会”董事席次由37席减为21席，主要为政府官员与大企业负责人。董事大多为亲绿企业家，其中包括台北电脑公会理事长及力晶电脑集团董事长黄崇仁、“纺织业拓展会”董事长陈修忠、东元电机集团董事长黄茂雄、大同公司总经理林蔚山、大陆工程公司董事长王文吉、远东纺织公司董事长特别助理徐旭平、联华神通集团董事长苗丰强、宏碁集团总经理王振堂、环球水泥公司总经理李国栋、东南水泥公司董事长陈敏贤等。

民进党执政后，“资策会”积极配合当局的政策，支持民间产业发展，成功协助台湾半导体厂商主导全球半导体供应链的产业标准，成功推动国际跨国公司相继在台投资设立研发中心。林逢庆还为陈水扁当局提出不少科技政策方面的建言。据知，“挑战 2008 重点发展计划”中的“数位台湾计划”就是由林逢庆所主导规划的。陈水扁重提“南向政策”后，林逢庆又负责南向科技投资的规划工作①。林逢庆表示，“资策会”未来将朝向研发前瞻、关键技术、拓展国际合作等方面发展，并转型为台湾资讯产业的智库。目前“资策会”已成为民进党最重要的产业智库组织与支持力量。

台湾对外贸易协会。这是台湾发展对外贸易的重要机构。2001 年初，许嘉栋出任外贸协会董事长。尽管许嘉栋是国民党时代的官员，但通过亲友关系与民进党当局建立关系，并在民进党经贸人才不足的情况下得以担任此一促进台湾贸易发展的机构负责人。2003 年 7 月，台湾外贸协会人事进行重大改组，由于许嘉栋对两岸经贸往来的言论不被民进党当局所认同，因此被撤换。“总统府”三局局长、陈水扁亲信许志仁出任董事长，外贸协会正式被“绿化”，成为当局推动经济政策、建立企业关系的重要机构。

① 台湾《工商时报》，2003 年 7 月 29 日。

许志仁与陈水扁是台湾大学法律系的同班同学，双方关系甚深。陈水扁夫人吴淑珍两次海外出访，都是由许志仁幕后安排并陪同。特别是2003年7月，许志仁以“总统府”官员身份陪同吴淑珍出访欧洲回台后，便出任外贸协会董事长，显示陈水扁对许志仁十分信任与看重，而且许志仁被认为可能是陈水扁连任后的“经济部长”热门人选①，由此可见许志仁出任台湾对外贸易协会具有重要的政治意义。

台湾工业研究院。成立于1973年，其经费主要来源于官方与民间企业。一年的预算规模上百亿元新台币，有时甚至超过200亿元新台币，员工达6000多人，2002年营业收入超过160亿元新台币，堪称资源最为雄厚的财团法人组织。工业研究院也是台湾最大的应用研究、开发机构，下设电子、化学等10多个研究所与研究中心，在台湾产业与科技发展中扮演极为重要的角色。民进党执政后，由亲绿人士翁正义任董事长。在新一届人事改组中，民进党高层曾考虑由担任院长达9年的史钦泰升任董事长，由交通大学校长张俊彦接任院长一职，但因张无意出任，最后改由副院长李钟熙任院长。李钟熙曾在美国工作，回台后一直在工业研究院工作。他出任院长后，强调结合本土特色，计划设立科技创意中心，推动台湾科技创新。

另外，民进党对“中国生产力中心”与“中国技术服务社”等重要财团法人也进行了改组与“绿化”。其中，与民进党关系密切的金宝集团董事长许胜雄出任“中国生产力中心”理事长；前“劳委会”主委詹火生在萧万长推荐下出任“中国技术服务社”董事长。“中国技术服务社”是由台湾“经济部”捐资成立

① 台湾《工商时报》，2003年7月22日。

的财团法人机构，资源颇为丰厚，每年来自官方部门的委托研究计划与项目等经费达亿元新台币，而且持有上市企业中鼎公司等大量股票，因此这一机构也被视为“肥缺”。民进党执政后，萧万长被聘为该机构高级顾问。不久，詹火生加入萧万长组建并任董事长的“两岸共同市场基金会”，萧詹两人关系日益密切。在萧万长出任陈水扁“总统府经济顾问小组”召集人后不久，詹火生也出任“中国技术服务社”董事长，被认为是民进党有意拉拢萧万长及其泛蓝盟友加入“绿色”外围阵营的重要举动，陈水扁的选举意图也十分明显。

这些重要财团法人组织不仅个个资源丰厚，与企业界关系密切，民进党通过人士改组与“绿化”，迅速转变为执政党建立政商关系与巩固政权的重要基础。

第五节　民进党外围智库组织

民进党善于打组织战，以靠组织战在选举中取得政权，也依靠组织战巩固政权。民进党除“绿化”与组建许多智库、基金会与其他重要财团法人组织外，还与李登辉、“台独”人士建立的智库等组织形成合作关系，可以说是民进党政权的外围组织或团体，其中以李登辉为首成立的“群策会”最具影响力。

“群策会”

“群策会”成立于2001年12月3日，即在台湾第五届“立法委员”选举后次日宣告成立。“群策会”由李登辉主导，并担任会长；诚泰银行董事长林诚一担任副会长，彭荣次担任召集人。其宗旨是“群策群力，共谋国事”，试图扮演“拟具共识，推动政策”的角色，同时担当“策划研究，实际执行”的“行动智库”。

在成立大会上，李登辉、陈水扁、谢长廷、“行政院长院长”张俊雄、“立法院院长”王金平、“考试院院长”许水德等前来出席。陈水扁在致词中将其称为“策划与实践并重的行动智库”。李登辉在成立大会上表示，“中共在国际社会中的地位越重要，并吞台湾的野心就越大，台湾的生存危机就加大”，因此将“营造和谐环境，让台湾崭新出发”作为“群策会”的宗旨，呼吁朝野尽快合作，启动新局，“让台湾突围而出”。“群策会”主要成员包括诚泰银行董事长林诚一、东元电机集团董事长黄茂雄（主要策划者）、伟诠电脑公司董事长蔡昆灿、台湾运输机构公司董事长彭荣次、义美实业公司总经理高志明、台湾“养鸡大王”黄昆虎、美吾发公司董事长李成家、荣星花园董事长辜宽敏、第一高尔夫球场董事长曾俊义、合森企业公司董事长戴一义、世纪钢铁公司董事长黄宗源、台证集团董事长吴东升、国际票券公司董事长林华德、力晶电脑集团董事长黄崇仁、诚品书店总经理吴清友、医师公会理事长吴运东（吴伯雄堂兄）、北社社长吴树民等。

“群策会”已成为李登辉最重要的支持力量，也是“台独”的大本营。“群策会”的成员也是陈水扁与民进党其他智库或组织的成员，因此形成与泛绿阵营复杂的交叉和合作关系，也显示“绿色”政商势力的高度重叠性与团结性。

北社、南社、东社与中社

民进党执政后，一批长期支持民进党与“台独”的法律界、学界、企业界人士等先后成立了北社、南社、东社与中社，整合不同地区的“绿色”力量，支持民进党，以巩固新的“绿色”政权。

北社。2001年6月16日成立，成员有80多人。出身医界的“国策顾问”吴树民（自立晚报发行人）任首届社长，东吴大学外语学院院长谢志伟与世新历史系教授李筱峰任副社长，秘书长廖仁义，副秘书长王美秀。其成员主要来自北部地区医界、学界、文化界、律师界、财经界等，主要人物包括林义雄、辜宽敏、李鸿喜、高志明、曹永和、王涂发、郑钦仁、戴宝村、薛化元、陈仪深、陈隆志、李兹尧、陈照姿、洪贵参、顾立雄、郑清文、向阳、林文钦、杨其文、李魁贤、李敏勇、谢三泰、朱约信、陈明章、叶博文、苏进强及资深媒体工作者吕东熹、金恒炜、杨宪宏等人。

北社宗旨是“促进台湾成为主权独立的现代国家”；四大目标则是“建立宪政秩序、健全舆论机制、维护台湾安全、建立公民社会”，并在未来推动“新文化运动”。北社被称为“扁李智囊团”。北社在成立大会上发表“政策万言书”，主张制订“新宪法”，确立“总统制”，反对松绑“戒急用忍”政策。特别强调台湾新文化运动，应该包括函“破”与“立”的工程，“破”的工程指的是破除旧权威时代所遗留下来的、反民主的封建余毒，破除缺乏台湾主体性思考的媚外心态与中国文化迷思等；“立”的工程则必须全力找寻和创造出新台湾文化精神意义与价值体系，以作为“台湾千秋立国”的根基。

南社。2000年7月6日成立，共有50多名成员，其中有38名大学教授，其他成员为社团与民间团体负责人。社长曾贵海，是内科名医；副社长郑英耀是中山大学教育研究所所长，专任执行长为郑正煜。

南社的三大宗旨是：维护台湾价值与尊严，汇集南台湾民间力量；建立以台湾为主体的教育、文化、环保等公共政策；激励民众共同推动法治与社会改造运动。其实，南社是支持民进党政权的南部外围组织，目的就是以民间力量配合民进党的本土路线与政策。

中社。2000 年 11 月成立，有成员 40 多名，主要来自台湾中部地区的医界、学术界、教育界、法界与企业界。社长钟坤井，执行长由前建国党中部办公室主任廖宜恩担任。成立宗旨是关心台湾、“认同台湾”，以台湾为优先，关注台湾的司法、环保、教育、社会问题等。该组织还参与反“核四”与反“罢免陈水扁”活动，是支持民进党的中部地区“台独”组织。

东社。2001 年 9 月正式成立，是一个本土性政论社团。花莲门诺医院院长黄胜雄任会长，台东籍执业医师余文仪、花莲医院副教授萧昭君当选副会长，花莲师范学院副教授庄胜义担任秘书长。目前成员约 50 名，大部分是花莲、台东两县医界、教育界与文化界人士，其中包括花莲县教师会会长蒋素娥、作家陈列、花莲师范学院教授潘小雪、花莲慈济医院医生郭汉崇、林秀雄、李武宽、张澄温与花莲门诺医生林衡哲等。

该社成立的目的是促进东台湾的居民加深对本土的了解与认同，在“宪政共识”下，经由理性的讨论与批判，影响当局决策，重建社会公平正义，使台湾成为现代化“国家”。同时强调建构东部观点，确立东部价值，彰显族群共荣的文化内涵。不过，该社不吸收专任的选举公职人员与政党人士参加。

这些“绿色”外围智库与组织，虽不是由民进党直接出面组织建立的，但系出同源，坚持本土路线与主张台湾独立，均是民进党的盟友与坚定支持者，形成一个强大的统一战线，共同维护民进党的执政地位。

第六节 筑起更为广泛的政商关系网

民进党执政后，为壮大执政基础，建立更为广泛的政商社会关系，在“绿化”现有智库等财团法人组织基础上，迅速成立新的智库、基金会等财团法人组织，目前至少已达数十个。这些智库、基金会等组织构成民进党当局新的政商关系网。

从这些智库、基金会组织观察，有如下几个特点：一是捐款者与主要成员高度集中、重叠性高，大多同时属于台湾智库、“群策会”与“台湾产业科技协会”等，基本上属于一个泛绿的工商界、学界、政界大圈子。二是主要成员是长期支持民进党、陈水扁或李登辉的企业及其负责人。三是学界、医界与律师界等亲绿精英为代表。四是民进党执政后“由蓝转绿”的企业、学者与其他各界人士。

民进党执政后，迅速建立或“绿化”智库与基金会等财团法人组织，名义上是网罗人才，为当局施政提供建言与咨询服务，其实是吸收社会各界精英，建立更为广泛的政商关系。因此，这些智库与基金会等财团法人组织不仅仅是传统意义上为当局提供咨询与研究报告的一般智库机构，而且是民进党建立政商关系的重要桥梁，具有多方面的功能与作用。

民进党上台后，执政人才与智库人才严重不足，因此大量吸收或收编泛蓝阵营人才。在政商环境变化与利益驱使下，部分企业界、学界、政界人士加入民进党执政团队，部分则进入智库、基金会等相关财团法人机构。其中最为典型的是，民进党一直企图拉拢政治立场较为摇摆的国民党副主席萧万长担任要职，但在复杂的政治环境下多次努力均未能成功。不过，陈水扁当局一直未放弃努力，终于在2003年6月邀请萧万长出任“总统府经济顾问小组召集人”。这个小组成员还包括了中华经济研究院长陈添枝、台湾经济研究院院长吴荣义、台湾智库董事长陈博志等三大智库及工业总会理事长侯贞雄、商业总会理事长王令麟、中小企业协会理事长戴胜通、工商协进会理事长黄茂雄、工业协进会理事长李成家等六大工商团体的负责人，形成一个体制外庞大的“辅佐团队”，也是一个庞大的政商关系网。

这些智库与基金会等财团法人组织已成为民进党当局的拥护者与支持者，为陈水扁“拼经济”、“拼选举”背书。特别是为配合民进党施政，对泛蓝阵营施压，台湾智库董事长陈博志，联合中华经济研究院董事长萧万长与院长吴荣义等在“立法院”2003年9月临时会议前召开“加速金融改革研讨会”，呼吁加快金融改革，尽快完成修法。这是台湾智库机构配合民进党推动相关财经法案在“立法院”顺利通过、为实现陈水扁“拼经济”及营造选举利多创造条件，对泛蓝阵营所采取的重要施压行动。

这些机构也成为民进党安插人事、进行“政治酬佣”的工具。民进党执政后，尽管掌握了庞大的资源，仅官位就达6000多个，但还是不能满足酬谢与安插为陈水扁上台有所贡献人士的需求，于是为其曾出钱出力的部分人士寻找出路、安排适当的位置，就成为陈水扁的一个重要任务。为此，陈水扁根据执政需要及支持者的贡献大小、地位高低，进行安置。除了“政府”部门、公营事业等机构外，当局通过“绿化”或建立新的智库、基金会等财团法人组织，安插曾有所贡献的人士，就成为其重要途径，因此这些财团法人机构沦为民进党当局“政治酬佣”的最佳工具。

这正是国民党执政时代政治腐败的重要表现，也是民进党批判国民党“黑金政治”的有力武器。国民党执政时期，这些财团法人或基金会安插特殊人士或家族亲信担任财团法人董事、监事，或出任财团法人旗下的营利事业的重要职位，坐领高薪，享受特权利益。民进党执政后，不仅没有对此进行改革，而是步上国民党执政的后尘。

特别是部分基金会等财团法人组织成为民进党利益输送的重要管道。财团法人的捐助者与财团法人组织之间的关系及其相互间的资金往来不公开，又无法律的明确规定，从而为利益输送与利益交换提供了方便。尤其是许多基金会由“政府”捐款，但却被少数人利用来建立政商关系或进行利益交换。台湾当局捐助大笔经费成立财团法人由来已久，许多财团法人靠当局捐助生存，而且“政府”设置的基金会不断增加，“政府”补助也越来越大，每年有数百亿元新台币流入这些“基金黑洞”，因此不断受到外界的批评。

民进党从地方执政时起，就开始利用这套利益输送与交换管道，建立政商关系。陈水扁任台北市长时，他担任董事长的台北市文化基金会与大企业进行利益输交换与结盟，曾成为岛内各界关注的焦点之一。台北市文化基金会的基金主要来自社会各界主要是工商界的捐款，用于公益文化活动。企业界的捐款表面上是支持公益事业，但实际上背后都有某种利益的交换。陈水扁任台北市长时，给台北市文化基金会捐款超过百万元新台币的企业包括台凤、国扬建设、汉来实业、新光、长荣、国巨、远东、义美、富邦等。这些捐款的企业在台北市几乎都有大片等待开发的土地，有些还提出变更用途的申请。这些企业就是通过捐款与市政府建立关系，希望市政府在地目变更与增加建筑容积率等方面大开方便之门，以便让这些捐款的企业从中大赚一笔，因而台北市文化基金会被认为是市政府与企业进行利益输送的“白手套”。台北“地检署”经过近一年的追查，确认台北市文化基金会涉及利益输送，将当时担任基金会董事长的陈水扁列为被告，一度引起各界关切。

民进党执政后，迅速成立或“绿化”基金会与智库等财团法人组织，幕后也存在着大量的利益输送问题。这些捐款者与成员成为民进党的重要支持力量，这些企业在经营上获得当局的特别关照，从而获得更大的商业利益。这种利益交换可以从民进党当局在税收改革与优惠、公共工程招标、公营企业出售股票等方面反映出来。

民进党执政后也不再对官员与民意代表兼任财团法人负责人一事进行批判，而是有更多的政治人物或陈水扁的亲信兼任各种财团法人董事、董事长、监事与理事长等职，形成新的利益共同体。

第六章　媒体背后的政商较量

被称为“第四权力”的媒体，不仅具有表达民意、监督政府的功能，而且可以影响与主导社会舆论，在现代社会中的地位相当重要。台湾媒体政治色彩十分浓厚，与政治、权力存在着密切关系，是一种重要的政治资源，成为民进党构建政商关系的重要方面。民进党执政后，在巩固、扩大既有“绿色媒体”的同时，迅速“绿化”与掌控了公有媒体，而且通过经济与政治权力分化、控制媒体，企图建立起为民进党政权服务的媒体新秩序。

第一节　台湾媒体发展概况

上世纪 80 年代中期之前，在国民党威权统治下，台湾当局对舆论宣传控制严格，媒体发展受到很大限制。据统计，80 年代中期前，台湾总计只有 31 家报纸，其中国民党党营、官方及军方办的报纸就有 15 家，占了近一半；民间只有 16 家。1987 年“解严”之后，台湾媒体发展十分迅速，而且日益多元化。到 2001 年，台湾有 451 种报纸、7220 种杂志、7816 家出版社、2606 家有声出版企业，267 家通讯社，146 家广播电台、37 家有线电视台、5 家无线电视台①。在这些众多媒体中，大致可分为平面媒体与电子媒体两大类。

① 台湾《经济年鉴》(2002 年)，台湾经济日报社，2002 年版。

平面媒体也称传统媒体，主要为报刊、杂志等，种类繁多，百花齐放，竞争激烈。一方面，不断有媒体停刊或倒闭，如近年来先后有《民族晚报》、《大华晚报》、《首都早报》、《环球日报》与《自立早报》等宣告停刊，《台湾日报》、《自立晚报》等经营权数度易主换人。另一方面，则新的报刊与杂志等不断涌现，从而使得台湾的报纸、杂志总量一直呈现增加趋势。

在平面媒体中，报纸的影响力相当大。台湾报刊数量虽多，但有影响与知名者并不多，主要报纸媒体有《中国时报》、《联合报》、《自由时报》、《中央日报》、《工商时报》、《经济日报》、《台湾日报》、《台湾新生报》、《民众日报》、《台湾时报》、《联合晚报》、《自立晚报》、《中时晚报》、《青年日报》、《财经时报》、《民生报》、《大成报》、《台湾新闻报》、《中华日报》、英文《中国邮报》、英文《台北时报》等，其中，《联合报》、《中国时报》与《自由时报》被称为台湾三大报刊，也是最具影响力的三大平面媒体。这些主要报刊大多为财团或官方所有。其中近一半属于"中国时报"集团与联合报集团。

目前台湾杂志达 7000 多种，涉及面十分广泛，除各种专业性与娱乐休闲杂志外，台湾较具影响的经济与政治评论刊物数量并不多。目前经济类与综合类知名刊物主要有《天下》、《卓越》、《商业周刊》、《经济前瞻》、《财讯》等；政论刊物数量远赶不上台湾"解严"前的发展水平，目前较知名的有《新新闻周刊》、《新台湾周刊》、《中央月刊》、《新月刊》、《海峡评论》等，其中以《新新闻周刊》立场较为中立，也较具影响。

台湾电子媒体发展迅速，已形成广播电台、电视、网络等多种现代化的媒体格局，尤其是电视媒体的影响力更超越传统的平面媒体。台湾当局过去对电子媒体控制更严，长期以来不允许设立广播电台与电视台，在“解严”前，台湾只有35家广播电台，其中公营与党营有13家，民营22家。不过，进入80年代后，岛内反对势力即党外与后来的民进党不断突破台湾当局的限制，私下发展小功率广播电台，相继成立“全民电台”、“绿色和平电台”、“宝岛新声电台”、“台湾国之声电台”、“群众之声电台”等颇具影响的所谓“地下电台”，因其以“民主”自居，而被称为“民主电台”，成为民进党在野时期最重要的宣传喉舌。

在民间不断私下设立广播电台的现实面前与民众要求开放媒体的强大压力下，台湾当局被迫检讨现行媒体政策，并于1993年初开放民间申请设立广播电台，“地下电台”逐渐合法化。台湾广播电台并没有受到现代电视、网络媒体发展的影响，仍持续发展，目前广播电台公司达150家左右。广播电台在台湾仍有广大市场。据台湾广播电视事业发展基金会公布的“2000年广播收听行为大调查”，台湾固定收听广播的人员达34%，显示其前景依旧广阔。在媒体整合潮流下，广播电台经营者也逐渐进行改革，与网络相连，推出数字广播，甚至与电视联网，开拓新的市场。

台湾当局以前对民间设立或经营有线与无线电视台管制极严，因此长期以来台湾只有“政府”设立的3家无线电视台即“中国电视台”（中视）、台湾电视台（台视）与中华电视台（华视）。然而，民进党成立后，急于建立自己的宣传工具，在突破设立广播电台限制的同时，于1990年开始强行私下设立小型有线电视台，形成所谓的“第四台”，即除台视、“中视”与华视三台之外的民间有线电视台，通称为“第四台”，因其多冠有“民主”两字，因而也称为“民主电视台”，其发展速度相当快，并且成为民进党新的宣传工具与建立广泛社会关系、政商关系网络的重要管道。1990年10月，24家“民主电视台”组成“台湾民主有线电视台全国联合会”，由民进党创党党员张贵木任理事主席，民进党主席黄信介任荣誉主席，由此形成媒体领域一股新势力。除民进党势力外，其他政党与势力也纷纷设立有线电视台，使得台湾现行“有线电视法”形成虚设。台湾当局不得不进行修法。1993年7月，台湾“立法院”三读通过“有线电视法”修正案，非法的“第四台”就地合法化，岛内再度出现了设立有线电视热，先后有229家提出申请，目前已核发156张筹设许可证。到2001年底，台湾有37家有线电视台，另有63家获得全区营运许可证的有线电视系统台，从而打破了无线电视台对电视市场的垄断局面。目前，在台湾颇具影响的有线电视台为中天、东森、TVBS、三立、八大、纬来、卫视等。

台湾有线电视普及率迅速提高。据台湾“资讯工业策进会”调查，台湾有线电视普及率高达81%，高于美国与加拿大的67%，德国的56%，日本的14%，香港的29%，不仅是亚洲最高，也名列世界前茅。有线电视的收视率有逐渐超越无线电视的趋势。目前，台湾收看有线电视台的观众人数量还不如无线电视台观众多，但收视观众比例持续上升，已超过40%，而且总收视点数已远远领先无线电视台。

在积极争取设立有线电视台的同时，民进党自90年代初开始筹划设立无线电视台，并要求台湾当局释出无线电视频道，同时发动“党政军退出三台运动”。在此压力下，国民党当局以退为进，为保住既有3个无线电视台，宣布开放第4家无线电视台给民间申请设立。1995年6月，由民进党“美丽岛系”余陈月瑛、张俊宏等建立的“全民电通公司”与民进党“福利国连线”蔡同荣、王明玉等成立的“民间电视投资公司”等企业纷纷提出申请，最后，这两家公司合作取得申请许可证，正式建立“民间全民电视公司”，即所谓的“民视”，由“台独联盟”主席蔡同荣任董事长，从而成为民进党重要的电子媒体与宣传喉舌。

近年来，台湾网络媒体发展迅速，竞争也十分激烈。2000年台湾第一个网络原生报《明日报》宣告诞生，一度造成轰动，但在开办一年后却因财务困难宣告倒闭。但这并不影响网络媒体的持续发展，涌现出许多各式各样的网站。目前台湾网民点击率排在前五位的网站为雅虎奇摩、番薯藤、PC.HOME、中时电子报、联合新闻网与东森ETTEDAY等。其中番薯藤公司董事长陈正然曾是民进党文宣重要智囊。

有线电视及网络媒体的兴起，对传统平面媒体造成挑战与冲击，许多报纸广告纷纷转入电子媒体，导致有线电视与网际网络广告大幅上升。这可从有线电视频道广告收入增长中得到充分反映。近年来，台湾原有的3家无线电视台——中视、华视与台视年广告收入连续3年平均衰退20%以上，而有线电视广告收入却大幅增长，网络广告更是成倍上升，显示现代媒体的优势与发展潜力巨大。

从台湾电子媒体的发展看，尽管以前执政的国民党主导了3家无线电视台，但民进党则通过“地下突破方式”建立起众多的广播电台与有线电视台，同时获得1家无线电视台，使得民进党在电子媒体方面的势力与资源已跃居国民党之上。民进党执政后，通过行政、经济等手段，又进一步掌控了几乎所有公有媒体，国民党控制的媒体大幅减少，台湾媒体生态与格局发生了重大变化。

第二节　媒体的政商背景与实力

媒体是一种大众传播工具，也是一种重要资源与力量，是政党与财团积极争取建立或掌控的对象。正如专家所言，“今天的政治学，事实上也变成为了传播学”①，即政治与媒体已结合在一起。另一方面，媒体本身就是一个企业，甚至成为一个媒体企业集团。因此，台湾媒体的背后都有财团或政治势力的影子。

就平面媒体而言，台湾有两个专业报业媒体集团即“中国时报集团”与联合报集团，其他平面媒体也由财团或政党直接或间接掌控。

“中国时报集团”是台湾两大专业报业媒体集团之一，由知名报人余纪忠所创立，也是家族性甚强的企业集团。目前“中国时报集团”下属媒体与事业包括《中国时报》(“中国时报文化事业公司”，是一家上柜公司)、《工商时报》(属工商财经有限公司)、《中时晚报》、《时报周刊》、中时电子报、中时网络科技公司、中时购物网、广告联播网、中网理财、中网娱乐、中网生活等。据报道，“中国时报集团”名下资产超过200亿元新台币，员工超过4000人，报业本业年营业收入超过100亿元新台币②。“中国时报集团”还有9家转投资的企业。“中国时报集团”控股公司则为余氏家族独资设立的海外中武投资公司。

2001年10月，“中国时报文化事业公司”董事长及创办人余纪忠宣布退休，集团权力结构重组。旗下《中国时报》、《工商时

① 郑贞铭:《新闻传播总论》，台湾允晨文化实业股份有限公司，1984年版。
② 台湾《财讯》杂志，2001年10月。

报》与《中时晚报》董事长由《中国时报》发行人、余纪忠长子余建新继任，女儿余范英任副董事长。“中国时报集团”强调未来发展要在更加企业化、透明化的基础上，秉持一贯的“政治民主，民族认同，稳定大局”信念，实现持续发展。

面对激烈的市场竞争与财务压力，90年代以来，“中国时报集团”制订了“五合一方案”，进行改革。即将《中国时报》经济组、《中时晚报》财经组与证券组等并入《工商时报》相关部门，原《工商时报》的区域产经组和商业新闻组合并成立地方产经新闻中心，其他财经要闻、金融、证券、科技、产业、国际财经与大陆财经皆由“组”改为“中心”。同时对人事布局进行改组。

为进入电子媒体，建立新的媒体平台，“中国时报集团”于2002年并购中视卫星传播公司即中天电视台，进入有电线电视媒体领域。该公司创建于1997年，资本额近14亿元新台币。该公司最初为辜振甫家族的和信集团、江道生的象山集团与国民党共同投资经营，后由象山集团的江道生主导经营。国民党在失去政权后，财务压力增大，有意出售中天电视股权。民进党与“绿色金主”曾原有意收购，但“中国时报集团”抢先一步取得经营权。目前中视卫星公司董事长为周盛渊，副董事长为微风广场董事长廖伟志，董事包括了“中国时报集团”董事长余建新、太平洋电线电缆集团董事长孙道存、理律法律事务所律师李念祖、达欣工程公司董事长王人正与怡和集团董事长张梁等。他们均是以荣丽投资公司的法人代表名义出任董事的。余建新希望“中时”（《中国时报》）与“中天”进行优势互补，实现新的媒体发展模式，壮大“中国时报集团”。

联合报集团是台湾另一个以平面媒体报纸、杂志与出版为主的专业报业媒体集团。目前该集团旗下媒体与事业包括《联合报》、《经济日报》、《联合晚报》、《世界日报》、《民生报》、《星报》、《联合文学》、《历史月刊》、《幼狮文艺》、联经出版公司、鼎进股份有限公司、中经社 CENS、民生报丛书、联合新闻网、联合电子报、联合理财网、联合知识库、联合追星网、冠蓝运动网、联合报系文化基金会等。联合报集团创办人为王惕吾。王惕吾去世后，长子王必成任联合报集团董事长，次子王必立任《经济日报》、《联合晚报》发行人，并兼总管理处总经理；长女王效兰任《联合报》、《民生报》发行人，三女王惠兰任洛杉矶《世界日报》总经理，王必立的儿子王文杉于 2001 年 11 月正式接任《联合报》社长。

"三重帮"企业集团虽以建筑业为主，但也拥有多家平面媒体。"三重帮"是以台北县三重地区为核心发展起来的，以地缘、血缘与姻亲关系形成的一个庞大的地方政经势力，拥有宏国建设、宏泰建设、联邦建设、宏福建设、幸福建设与国顺建设等等多个企业集团。其中，林荣三联邦建设集团旗下拥有《自由时报》与英文《台北时报》(TAIPEI TIMES) 两个平面媒体。在联邦建设集团雄厚经济实力支持下，《自由时报》已发展成为台湾三大平面媒体之一，工作人员达 1600 人，也是绿色阵营最具影响力的平面媒体与"台独"宣传的喉舌。林荣三大嫂负责的宏国建设集团拥有《大成报》与《大成体育报》(因亏损于 2001 年停刊)；宏福建设集团也曾拥有《自立晚报》等媒体。

另外，《民众日报》与《台湾日报》等都有财团背景。《民众日报》是力霸集团所拥有的平面媒体。《台湾日报》曾有台塑集团王永庆大力支持。王永庆因其"台独"言论退出后，《台湾日报》经营陷入困境，但仍获得"绿色"财团的支持。目前亲民进党的报刊，背后多有“绿色企业”的幕后支持。

表 6－1　台湾两大报业集团

报业集团名称	家　族	主要媒体与事业
中国时报集团	余纪忠	“中国时报”，工商时报，“中时晚报”，时报周刊，中时电子报，中时网络科技公司，中时购物网，广告联播网，中网理财，中网娱乐，中网生活，“中国时报文教基金会”
联合报集团	王惕悟	联合报，经济日报，联合晚报，世界日报，民生报，星报，联经出版公司，鼎进股份有限公司，历史月刊，中经社 CENS 民生报丛书，联合文学，联合新闻网，联合电子报，联合理财网，联合知识库，联合追星网，冠蓝运动网，联合报系文教基金会

资料来源：根据诸多资料整理而来。

在电子媒体领域，有线电视媒体占有极重要的地位。主要经营集团或企业包括力霸—东森、和信、太平洋、象山、纬来、博新、联意、民视、环球、年代等。据台湾“新闻局”统计，台湾一度有 156 家有线电视经营者取得筹设许可证，后因部分企业经营不善，经市场淘汰，目前有 77 家具备筹设资格，其中有 50 家取得营运许可证。除了少数大企业外，多数有线电视公司的用户平均规模只有 20 多万户。

东森媒体集团是目前台湾最大的电子媒体集团。该集团是台湾力霸集团下属的次集团。力霸集团是台湾大型综合性企业集团之一，在媒体领域也有很大发展。旗下媒体事业除《民众日报》这一平面媒体外，经多年投资与发展，已形成一个全新的东森媒体集团，经营范围涉及电视系统、频道节目自制与代理、平面媒体、广告、电视购物、有线宽频应用、卫星直播等，集团总裁为王令麟。

东森媒体集团的相关媒体企业包括东森媒体科技公司、东森华荣传播公司、东丰卫星网路公司、力霸文化传播公司、东森得易购公司与远森网路科技公司等，其中东森媒体科技、东森华荣传播与东森得易购为三大核心企业，3 家公司资本额合计达 145 亿元新台币，2002 年营业收入 210 亿元新台币。其中东森媒体科技公司主要经营有线电视系统与宽频网络加值服务，主控 13 家有线电视系统台，公司资本额超过 100 亿元新台币，2002 年营业收入达 97 亿元新台币，预计到 2007 年年营业收入达 166 亿元新台币。东森媒体科技公司的股权结构为力霸—东森集团占 23%，外资占近 30%，太平洋集团等其他势力占 47%。2003 年 6 月，东森媒体科技公司进行董事改组，力霸—东森集团取得 7 席董事，太平洋集团取得 3 席董事，外资及其他取得其他席次。其中，王令麟主动让贤，任名誉董事长，由新加坡汇亚基金集团总裁梁家铿任董事长。东森华荣传播公司主要经营电视频道制作与经营、网络新闻、广播等，资本额为 40 亿元新台币，2002 年营业收入达 42 亿元新台币，在《天下》杂志 2002 年台湾“媒体娱乐业”排名中居第 2 位，仅次于同属东森媒体集团的东森媒体科技公司；预计 2007 年营业收入达到 110 亿元新台币，届时海外收视客户达到 1350 万户。东森得易购公司主要经营电视购物、网络购物与休闲育乐等，资本额为5亿元新台币，2002年营业收入72亿元新台币①。

目前，东森华荣传播公司下属的东森电视台有8个基本频道(东森国际台、东森新闻台、东森综合台、东森新闻S频道、东森电影台、东森幼幼台、台森洋片台与ET JACKY)，东森频道全球入网户近300万户，落地市场包括香港、澳门、菲律宾、印尼、新西兰、澳大利亚，2003年又正式落地北美地区。

辜振甫家族的和信集团是台湾十大企业集团之一，而且也是台湾最具影响的电子媒体集团之一。目前旗下拥有和信超媒体、和信电信、和允卫星通讯、和宇宽频网路等媒体及相关企业。其中，和信超媒体公司负责人为辜振甫之子辜启允。该公司有自制5个频道，代理4个频道，收视户达90多万户。同时，和信超媒体公司积极发展宽频网站，并与台视、民视、CNN新闻网合作，未来发展重点是有线电视和互动电视，并与电信事业进行合作。另外，同属辜氏家族的中信集团也有庞大的传播媒体事业，旗下相关企业包括了联广、联众、联旭国际、联太国际、纬来与行健育乐文化等公司。其中纬来公司拥有纬来体育、纬来电影、纬来综合与纬来日本等4个电视频道。

太平洋集团包括了太平洋建设与太平洋电线电缆两大企业集团，其中太平洋电线电缆集团也在电子媒体领域占有重要地位。太平洋集团于1995年投资设立观下天有线电视公司，由汤玉明任董事长，进入有线电视系统经营领域。1998年，太平洋电线电缆公司与多家企业合资再设立卜乐视国际媒体公司，由仝清筠任董事长，主要经营卫星电视频道与有线电视频道。到目前，太平

① 台湾《工商时报》，2003年6月4日。

洋集团先后投资60多亿元新台币，收购独立有线电视系统台，已建立有60万户收视规模的太平洋联网公司，成为台湾有线电视系统经营者中，仅次于东森与和信的第三大势力。为扩大实力，太平洋联网公司正计划与在台湾拥有30万收视户的美国卡莱尔集团合作，若合作成功，收视户将拥有90万户，与东森100万户与和信90万户并驾齐驱。

以经营房地产起家的象山集团，近年来迅速向媒体产业进军。该集团所属的木乔传播公司，代理10多个有线电视频道。1999年，该集团逆势而为，创办平面媒体《劲报》；2000年11月，买下一年亏损8亿元的中天电视公司。短短数年间，该集团已拥有电视、网络、电台与报纸等诸多媒体事业。2002年底，象山集团将中天电视公司出售给“中国时报集团”。不过，旗下仍有劲道数位电视公司与劲报电视台等媒体事业。

另外，联意制作公司拥有TVBS、TVBS－G、TVBS－N等3个电视频道；三立电视公司有三立台湾台、三立都会台与SETN3个电视频道。

表6－2　台湾有线电视媒体集团

和信超媒体公司
主导者：和信集团辜振甫家族
系　统：90万收视户
频　道：自制5个频道，代理4个频道
网　路：Giga超媒体，6万个宽频上网用户

续表

东森传播事业公司 主导者：力霸集团王又曾家族 系　统：100 万有线电视收视户 频　道：自制 7 个频道，代理 7 个频道 报　纸：《民众日报》 卫　星：东丰国际（与太平洋集团合资）
太平洋联网公司 主导者：太平洋电线电缆集团（章启明家族与孙道存家族） 系　统：60 万收视户 频　道：超视电视台（与索尼公司合资） 宽　频：智慧宽频道平台
象山多媒体公司 主导者：象山集团江道生、江永庆家族 频　道：自制 3 个频道，木乔传播代理 16 个频道 报　纸：劲报（已停刊） 广　播：Power989 网　路：劲财网，劲学网 卫　星：与中视合资成立中视卫星二台

资料来源：根据台湾《财讯》等刊物资料整理而来。

不仅企业、财团投资与经营媒体，而且台湾政党与政治人物也热衷介入经营媒体。国民党过去是执政党，除掌有重要公营媒体外，也有多家党营媒体，包括《中央日报》、《中央月刊》、《台湾新生报》、“中国广播电台”、“中国电视公司”等。其他政党也都有自己的刊物与媒体，只是数量、规模与影响不同而已。民进党上台后，尽管鼓吹媒体改革，要求党政军退出媒体，但并没有真正推动这一改革，而是强化对媒体的掌控。特别是陈水扁于2001年10月率先搞起了“阿扁电子报”个人网站。此举不仅被外界批评为“公器私用”，而且有着浓厚的政治选举意图。在陈水扁办电子报的影响下，国民党与亲民党等也相继办起了自己的电子报，于是网络媒体宣传成为台湾政党的又一重要宣传工具。

台湾政治人物或政企两栖人物也多参与投资媒体。在2001年3月台湾“新闻局”第9次批准的26家新设广播电台中，背后都有企业或政治人物的影子。其中彰化县“喜欢之家电台”，由彰化县有线电视公司（大股东为力霸集团）董事长白鸿森（彰化县议会议长）的胞妹白素云与台中市群健有线电视公司董事长吕崇民（“总统府”秘书马永成是其小舅子）为发起人；台南县新营市“指南电台”董事长为“总统府国策顾问”黄昆虎；云林县“紫色姊妹电台”由民进党籍“立法委员”王丽萍申请设立；苗栗县“鸿声电台”由“立法委员”刘政鸿集资筹设，宜兰县罗东镇广播电台及兰友广播电台由民进党前执行中央委员张金源负责筹设；马祖生活资讯广播电台由连江县议会议长陈清及议员曹以雄发起筹设①。据《中国时报》于2003年初进行的一项民选公职人员（不包括其他政治人物）参与媒体的经营情况调查，在总计48位参与媒体经营的各政党民选公职人员中，民进党有28名，国民党18名，亲民党1名，台联党1名②。尽管部分公职人员在媒体改革与党政军退出媒体的冲击下退出媒体经营或辞去董事长或董事，但并不能改变政治人物幕后操纵媒体的现实。

---

① 台湾《联合报》，2001年3月27日。

② 台湾《中国时报》，2003年2月12日。

台湾媒体不仅有财团、政党与政治人物的介入与经营，而且经常出现经营权的激烈争夺。环球电视台背后的政治角力是典型案例之一。台湾知名作家李敖曾被环球电视台总经理以高价请来主持节目，收视率大大提高。然而，李敖对李登辉及民进党人物的揭露与批判引起绿色阵营的极大不满，进而通过多种关系与政治手段干预电台节目，最后支持民进党的“绿色”企业通过收购股权掌控了环球电视台，原总经理、节目主持人被赶走，李敖节目被迫停播，原来播出的“国语”也变为闽南语。

财团与政治势力介入媒体，不仅因为媒体本身是一个企业，是一种资源，而且媒体具有很大的社会与政治影响力。特别是在台湾高度政治化与以选举为中心的社会里，媒体显得更为突出与重要。知名的AC尼尔森行销顾问公司媒体总监张小玲表示，台湾许多政治人物都想要掌控、影响媒体，即使不赚钱，只要有经济实力，就会有人不断投入这个市场。台湾“新闻局”广电处处长张崇仁曾表示，在台湾，不管在政治上，或商业上，有媒体就有力量。因此，台湾媒体与政治的关系异常复杂，由此延伸出来的政商关系与利益结盟更为广泛。

表6－3　台湾部分政治人物参与媒体经营媒体情况

政党	媒体名称	担任职务	备注
国民党	“中国电视公司”	卷淑敏，董事长	国民党中央委员
		江奉琪，总经理	国民党中央委员
	国卫电视公司	杨显荣，董事	“立法委员”，国民党中央委员
		高育仁，董事	“立法委员”
	港都有线电视台	候彩凤，股东	国民党中央委员
	“中国广播电台”	赵守博、董事长	国民党中央委员

续表

		蔡正元，董事	国民党文宣会主委
		李庆平，总经理	国民党中央委员
	大成报	王金平，董事（已辞职）	国民党副主席
	TVBDS周刑	陈炯松，董事	国民党中央委员
民进党	民间全民电视公司	蔡同荣，董事长（已辞职）	“立法委员”
	东森华荣传播事业公司	林忠正，法人代表（已辞职）	“立法委员”
	三立电视公司	柯建铭，监察人（已辞职）	“立法委员”
	世新有线电视公司	蔡铭芳，股东	“立法委员”
	全民电通公司	张俊宏，董事长（已辞职）	“立法委员”
	群健有线电视公司	许荣淑，股东	“立法委员”
	关怀广播电台	周清玉，董事长，股东	“立法委员”
	曾文广播电台	候水胜，负责人董事（已辞职）	“立法委员”
	淡水河文物电台	李文忠，赖劲麟，董事（已辞职）	“立法委员”
	太平洋之声广播电台	张川田，股东董事	“立法委员”
亲民党	梦想家媒体网路公司	李永萍，董事	“立法委员”
	大成报	刘松潘，董事	“立法委员”
	全国广播有限公司	沈智慧，负责人	“立法委员”

资料来源：台湾《中央日报》，2003 年 6 月 12 日；台湾《联合报》，2003 年 2 月 8 日。

第三节　透视“绿色媒体”

“绿色媒体”即政治立场上支持或亲近民进党、支持“台独”或支持陈水扁与李登辉的媒体。“绿色媒体”是民进党执政的重要支持力量。

民进党执政前已逐步介入媒体经营，尽管没有直接经营的党营媒体，但民进党成员却投资与经营许多媒体事业，在某种意义上实际就是民进党的党营媒体。除经营平面媒体外，主要是通过广设广播电台与有线电视台等方式，逐步建立起包括无线、有线、卫星电视与广播电台在内的多元化媒体体系。

目前“绿色”平面媒体主要有《自由时报》、《台湾日报》、《台湾时报》、《自立晚报》、《民众日报》、《台湾新闻报》、英文《台北时报》、《新台湾周刊》、《台湾综合周刊》与《日本文摘》等。这些媒体的办报理念强调本土化，支持民进党，甚至“台独”。

《自由时报》是目前台湾最具影响的“绿色”平面媒体。《自由时报》的前身为1980年创办的《自强时报》，是中部地区的一个小报。台湾开放“报禁”后，联邦建设集团董事长林荣三依靠其雄厚的经济实力收购此报，并将报社从台中迁到台北县，逐渐发展为台湾三大报之一。林荣三提出“台湾优先，自由第一”的本土化办报理念，并逐渐成为李登辉执政时期坚持拥护李登辉的喉舌，是台湾旗帜鲜明的“拥李派”。

在台湾报业的激烈竞争中，《自由时报》得以迅速崛起，除了林荣三雄厚财力支持外，与李登辉的支持也有很大关系。由于与传统国民党关系密切的《联合报》与《中国时报》坚持反“台独”与坚持一个中国立场，对李登辉多有批判与不满，因此李登辉对两大报十分不满，进行遏制，提出“要使大报变成小报”的口号，还公开指责《联合报》对他的批评，发起退报行动。《自由时报》则在李登辉当权派的支持下，不断获得高层内幕新闻，得以迅速崛起。

民进党上台后，《自由时报》旗帜更加鲜明，成为公开支持陈水扁与“台独”的报纸，还提供专版供激进“台独”人士发表“台独”言论与文章，同时强烈攻击泛蓝阵营领导人物连战与宋楚瑜。不过，在两岸关系、“三通”等议题上，《自由时报》与民进党的政策并不一致，更激进，经常反对民进党当局的开放政策。

《台湾日报》是旗帜显明的另一重要“绿色”媒体，是岛内“台独”势力的重要喉舌。《台湾日报》创立于 1964 年，其前身是《东方日报》，曾是台中地区知名的报刊，但因办报理念与经营问题几度易手。1972 年，该报因在“戒严”时代提出与大陆“通邮”的主张而被整顿，社长与副社长被迫辞职。后来，台湾当局指派国民党中央委员及《香港时报》负责人徐亨接管该报，从而成为国民党控制的媒体，但经营不善，亏损严重。1996 年，曾任台湾《自立晚报》总编辑与《自由时报》社长颜文闩，在友人王永庆的支持下，向银行借贷 25 亿元新台币，接管了负债 27 亿元新台币的《台湾日报》。颜氏接手后，该报经营状况并没有大的改善，持续亏损。于是在 90 年代末，王永庆派人驻进《台湾日报》，他的小女婿李宗昌还担任《台湾日报》的副社长，以加强管理，尽管亏损有所缩小，但也没有完全扭转亏损局面。

就该报的政治立场而言，早期《台湾日报》并没有明显的本土化与“台独”色彩，还是最早倡议“三通”与反对“两个中国”的媒体。但李登辉主政后，《台湾日报》几经转手，由一批长期从事媒体的本土人士掌控，办报理念逐渐变化，近年来更以标榜“台湾主体性”为宗旨，配合台湾当局鼓吹台湾“本土化”与分裂思想。民进党上台后，该报的“台独”倾向更加明显，经常发表支持陈水扁与“台独”的社论。

2001年初，《台湾日报》在处理日本右翼作家小林善纪的《台湾论》与“国策顾问”金美龄“台独”言行事件上，展现出一幅亲日、“台独”代言人的论调。这对一向在政治上表示中立与在大陆发展经济事业的王永庆造成很大困扰。据说王永庆曾在一天之内接到10多个政商人士的关切电话，询问他支持的《台湾日报》的言论与他的立场。尽管王永庆解释台塑集团与《台湾日报》没有关系，纯属个人对该报与对朋友的帮忙。但“台独”色彩日益浓厚的《台湾日报》还是对台塑集团与王永庆个人形象造成不利影响，甚至可能会影响到王永庆有意继续在大陆大干一番事业的宏伟计划。于是，王永庆终于决定不再“金援”与支持《台湾日报》。

尽管《台湾日报》社社长颜文闩通过陈水扁亲信做工作，希望王永庆能够继续支持，但王永庆态度明确，认为帮助朋友终有时，个人力量有限，坚决不再支持《台湾日报》。不过王永庆表现出了极大的助人诚意，要为《台湾日报》付清他所担保的巨额债务。对于王永庆的支持与承担偿还债务，该报特别发表告示，以示感谢，但仍不忘坚持本报以“台湾主体性”的言论方针，企盼有大财团支持，希望企业多登广告，以“赓续台湾尊严的言论香火”。

后来，《台湾日报》董事长兼社长颜文闩，在高举本土路线的旗帜下，通过关系继续向陈水扁当局求援，获得肯定答复，表示愿寻找“金主”提供协助。据报道，诚泰银行林诚一、台证证券公司董事长吴东升等均提供过援助。尽管获得一定的资金支持，但因《台湾日报》发行量少，还是不能改变亏损现实。为此，海外“独派”人士展开积极筹款行动，号召台侨界捐款订报，目标是要筹到50万美元，以支持《台湾日报》的生存与发展[①]。

《自立晚报》是另一典型的本土化与“绿色”媒体。《自立晚报》创刊于1947年，创办人为周庄伯与顾培根，以“自立自强，自力更生”为宗旨而取报名。该报一向被视为见证台湾民主发展历程的本土性报纸，也曾被称为“党外报刊”。它培养了许多台湾媒体工作者，包括前“行政院新闻局长”苏正平、台湾电视公司总经理胡元辉、《台湾日报》发行人颜文闩、公共电视公司总经理李永得、《中时晚报》社长陈国祥、中天电视台总编辑吴戈卿、中华电视公司总经理徐璐等人，其中大多倾向党外与支持民进党。

在50多年的发展历程中，《自立晚报》经营权不断转手变化。1958年，“台南帮”领袖吴三连接手后，提出“无党无派、独立经营”的办报方针。1990年，统一集团负责人高清愿入主《自立晚报》。1992年，“全国饭店”董事长、也是该报发行人的吴丰山兄长吴和田出资2亿多元新台币取得《自立晚报》经营权。1994年，“三重帮”宏福建设集团董事长陈政忠与其兄长陈宏昌又以10亿元新台币取得《自立晚报》的经营权。然而，宏福建设集团却因财务危机，被迫将《自立晚报》出售给张庆中夫妇。虽几经转手，但《自立晚报》仍不断发生财务危机。民进党

① 台湾《财讯》杂志，2003年9月。

执政后，民进党籍台北市议员王世坚以不到5亿元新台币收购《自立晚报》，并出任董事长。随后，王世坚又将经营权转让给张福泰等人，但终因经营困难，《自立晚报》于2001年10月被迫停刊。随后在员工的自发努力下很快复刊。为能生存与发展，《自立晚报》不得不向民进党高层求援，于是“绿色”企业与人士如诚泰银行董事长林诚一、台湾机械运输公司董事长彭荣次、义美食品公司总经理高志明以及奇美、国泰等企业纷纷支持。《自立晚报》负责人对此支持并不回避免。代理总编辑谢志鹏表示，“自立复刊的动作，总统府介入甚深，所筹募的资金足以到总统大选之后，估计金额在五、六亿左右”①。由此可见，《自立晚报》在“绿色”企业支持下，继续扮演支持陈水扁连任的宣传喉舌。

《台湾新闻报》原为台湾“省政府”报刊，“冻省”后改为“行政院新闻局”管理。前社长赵立年在2000年台湾大选中全力支持宋楚瑜。选后，赵立年以报社社长身份兼任亲民进党高雄市联络处处处长。民进党执政后，曾违纪参选高雄市副议长的国民党籍议员张瑞德与友人合作，以3700万元新台币取得《台湾新闻报》的经营权。为能与民进党保持良好关系，张瑞德通过民进党前主席谢长廷，邀请与民进党关系良好的原《台湾时报》总主笔、“北社”成员苏进强担任社长，张瑞德妻子张年莹任总经理，总编辑为吴富信。苏进强则邀请民进党成员、“南社”成员及原《民众日报》主笔吴锦发担任副主笔（吴锦发被陈水扁聘为“文化复兴总会”副秘书长）。谢长廷核心幕僚赵天麟担任采访主任。苏进强与吴锦发政治立场不仅“偏绿”，而且“偏独”。该报的政治立场也因此改变，从“拥宋报”变为“挺扁报”，而且与吕秀

① 台湾《财讯》杂志，2002年5月。

莲关系极为要好，是台湾媒体中正面报道吕秀莲新闻最多的报纸。《台湾新闻报》也因此成为“独派”社团南社、北社成员的言论园地。

《新台湾周刊》是台湾最重要的“绿色”政治评论刊物，是一份政治立场显明、支持民进党与“台湾独立”的“台独”刊物。该刊的内容主要是肯定、宣扬台湾本土文化、主张“台湾独立”、支持李登辉、陈水扁与民进党，强力批判泛蓝阵营政治人物与所谓的“统派媒体”。该刊经费的一个主要来源是公营企业与“绿色”企业的广告。这些企业主要包括中华电信公司、台电公司、“中油公司”、台湾盐业公司、阳明海运公司、第一银行、高雄银行、国泰银行、国泰建设公司、富邦人寿公司、新安产物保险公司、台湾固网公司、台湾大哥大公司、中华汽车公司、台湾艾康公司、光泉公司、和成欣业公司与《自由时报》等。

另外，民进党执政后，“绿色”企业与人士也创办了以本土、“台独”观念为主的多个平面媒体。2001 年，“台独联盟”海外盟员、巴西台商张胜凯等出资创建了《OPEN》周刊，由执业律师及与民进党高层关系密切的赖浩敏担任发行人，社长兼总编辑为民进党“立法委员”许淑荣，李远哲、范光群、高志尚、黄天麟等被聘为顾问。义美食品公司出资创办了《台湾综合周刊》(《TAIWAN NEWS》)，公司总经理高志明任发行人，“绿色”媒体工作者杨宪宏任社长，并负责经营。该刊政治立场鲜明，大力支持民进党，强烈攻击泛蓝阵营。2003 年 10 月，杨宪宏在陈水扁选择副手问题上的主张与高志明发生分歧，被迫辞职。另外“绿色”企业还创办了《壹号人物》、《少年台湾》、《南主角》等刊物，但影响不大。

一向偏蓝或支持国民党的《中国时报》，在民进党执政后，在经营压力下有意向民进党靠拢，已被外界定位为“绿色媒体”。但由于《中国时报》集团旗下媒体较多，各报刊的政治立场并不一致，而且左右摇摆，因此民进党与“台独”势力仍认为《中国时报》“偏统”，将其归为所谓的“统派媒体”。台湾媒体报道，“有财务压力的中时报系，言论立场呈S型，对阿扁忽冷忽热，而扁政府对中时的言论立场也该反击就反击”[①]。《中国时报》还因为刊登陈水扁在1994年市长选举期间接受苏惠珍450万元政治献金，引起陈水扁震怒，表示要控告《中国时报》。在强大压力下，《中国时报》在头版更正澄清此事，才得以平息。不过，《中国时报》经常发表支持陈水扁的言论，也是不争的事实。但要强调的是，《中国时报》不同于其他“绿色”媒体，仍坚持反对“台独”，支持两岸同属一个中国。这也说明，在民进党执政的大环境下，台湾较为中立的媒体处境尴尬。

“绿色”电子媒体包括广播电台、有线电视台、无线电视治与网络等。除广播电台与部分有线电视以地方性为主外，较具影响的“绿色”电子媒体主要有民间全民电视台、环球电视台与三立电视台等。其中民间全民电视公司下属的民间全民电视台，是目前台湾唯一的民营无线电视台。该公司董事长原为“台独联盟主席”、民进党“立法委员”蔡同荣。在陈水扁推动党政军退出媒体的改革压力下，蔡同荣出于陈水扁选举连任考虑，于2003年9月被迫辞去董事长一职，由副董事长田再庭接任董事长，即仍由民进党人士操控，依然是典型的“绿色”媒体。该电视台是民进党的最重要的电视宣传工具，大力宣传“台湾意识”与“台独意识”，推动台湾“公民投票”，攻击泛蓝政治人物。该电视台

① 台湾《财讯》杂志，2003年第9期。

还制订了新闻撰稿和播报用语三原则：不用“全省”，用“全台”或“全国”；不用“中共”、“大陆”，用“中国”或“中华人民共和国”；不用“两岸”，用“中国和台湾”。

环球电视台是另一重要“绿色”电子媒体，以前政治立场较为中立，但后来逐渐转向。目前，该电视台的大股东为太平洋电线电缆集团。民进党执政后，曾与泛蓝阵营连宋关系密切的太平洋电线电缆集团开始转向支持民进党与陈水扁。该集团旗下友吉投资公司于 2002 年正式投资由民进党“立法委员”张俊宏任董事长的环球电视台，其总经理为林志升。林志升自称为“台独基本教义派”，曾出版《从中国大陆出逃》一书，极力攻击大陆。2003 年 7 月，民进党当局计划开放第 16 号有线电视频道给环球电视台，有独厚“绿色”媒体的嫌疑，引起外界批评。

另外，三立电视台也是民进党的媒体。该电视台董事长为林昆海，曾为无党籍人士。2002 年 7 月，在谢长廷推荐下，林昆海宣布加入民进党。

民进党与“绿色”势力还不断蚕食泛蓝媒体。台湾真相电视台原被认为是偏蓝的媒体，由新党前“立法委员”周荃于 1994 年发起与创办，全称为 NTT 真相财经台。由于其大量报道大陆新闻，政治立场明显偏蓝，引起民进党不满，“绿色”企业通过拒登广告进行抵制，导致经营困难。由于积欠公营企业中华电信公司的债务，被告上法庭，机器设备被查封，这一动作被认为是民进党当局打压偏蓝媒体的重要举动。在财务压力下，太平洋电线电缆集团下属的友吉投资公司收购了真相电视公司大量股权(51%)，成为新的大股东，取得真相电视台的人事与经营权。在 2003 年 6 月底董事会中，太平洋电线电缆集团解聘了董事长周荃的职务，由任惠光出任真相电视台董事长兼总经理。随后，由环球电视台总经理林志升进驻真相电视台，负责营运。他公然表示此举是要“强烈影响明年的总统大选，终极目标正是要捍卫台湾免于中国之并吞”。泛绿人士对此表示，“这不但将是绿营第一次取代蓝营的媒体，而且还将是在台湾所有电视媒体中占据大半中国资讯地盘的‘真相新闻’，将在一夜之间消失不见，亦即将使得中国大陆对台资讯的放送，一举失掉半壁以上的江山”[①]。

东森媒体集团与“中国时报集团”类似，旗下的东森电视台虽不能讲是“绿色媒体”，但与扁政府关系密切，已形成相互支持关系。东森媒体集团一方面与执政的民进党当局建立密切关系，但也不忽视其他政党的关系，为此成立了“公共事务部”，下设政党、“立法院”与台北市政府等小组，分别对各政党各派别进行公关。这也是目前台湾部分媒体求生存与发展的普遍做法。

另一大具有新闻制播能力的有线电视台 TVBS（联意制作公司）是由香港邵逸夫与台湾邱复生联合投资的一家电视公司，虽然邵逸失是大股东，但由邱复生任董事长，负责经营。该电视台过去在节目与新闻处理上实行“恐怖平衡”，对蓝绿各有支持，但更倾向民进党。在 2001 年底台湾“立法委员”选举中，对于陈水扁与民进党的选举造势活动，该电视台进行直播式的大量新闻报道，但对国民党与亲民党的选举活动的报道则相当简要，甚至不报。民进党执政后，TVBS 新闻处理与节目安排则更倾向民进党，开始增加邀请“台独”人士当嘉宾，民进党与“台独”言论迅速上升。

总体看，民进党执政后，“绿色”媒体阵营在扩大，地位在

① 澳门《新华澳报》，2003 年 7 月 7 日。

上升，影响力也在增大，已成为民进党执政的重要舆论宣传工具与支持力量，而且由此形成新的政商关系网。

第四节 “绿化”公营媒体

“绿化媒体”是指民进党执政后，通过手中的权力调整公营媒体的人事，以掌控公营媒体经营权，将其作为控制舆论导向与巩固政权的重要力量。

在台湾媒体生态结构中，台湾当局长期控制着一批所谓的公营或官方媒体，自然是其舆论与宣传喉舍。这也是民进党在野时批判国民党的有力武器。民进党上台后，并没有对公营媒体进行改革，放弃“政府”办媒体的做法，还新闻媒体一个公正、自由空间，而是通过任用亲信或亲绿人士掌控公营媒体，变为民进党当局的宣传喉舌。

民进党当局先从更换掌握舆论宣传部门的“行政院新闻局”官员入手，率先邀请经济学者钟琴出任“行政院新闻局局长”，让人耳目一新，但却无法配合民进党进行“绿化”媒体工作与有效掌控媒体，没多久就被撤换。随后，民进党当局先后换上政治立场明显的亲绿人士苏正平、叶国兴、黄辉珍担任“新闻局长”，以便积极推动媒体的“绿化”工作。然而，执政不到4年，民进党就先后更换4位“新闻局长”，实属罕见，用心良苦，“绿化”之企图可见一斑。

台湾公营媒体主要包括“中央通讯社”、“中央广播电台”、警察广播电台、复兴广播电台、台湾电视台、中华电视台、宏观卫视台、公共电视台、《中华日报》、英文《中国日报》等。目前，这些公营媒体如广播电视、电视台与通讯社等负责人，几乎全由陈水扁的亲信掌控。这些公营媒体在民进党的操纵下，舆论导向完全偏向民进党，成为民进党执政的辩护者。

台湾最大的通讯社“中央通讯社”在2002年7月进行了新的人事改组，前“新闻局长”苏正平出任董事长，胡元辉任社长，刘志聪任副社长兼编辑，均是“血色纯正”的“绿色”人物。胡元辉曾任《自立晚报》社长兼总编辑。2002年10月，刘志聪升任总编辑。

民进党上台后，由资深媒体人士周天瑞接任“中央广播电台”董事长。2003年7月，随着台湾大选的逐渐到来，民进党当局再次主导“中央广播电台”的人事改组，由亲陈水扁的执业律师、“台湾人权促进会”执行委员林正峰取代周天瑞出任董事长。新任董事，也清一色“绿色”人士，除周天瑞与林正峰外，还包括英文《台北时报》总编辑朱立熙、《台湾日报》特约主笔吴锦发、台湾大学教授张清溪（具法轮功背景）与“人本教育基金会”董事长朱台翔等。

台湾5家无线电视公司（台），除“中国电视公司”由国民党主导及民间全民电视公司由民进党主导外，其余台视、华视、公视等3家公营无线电视台已全被民进党掌控。

台湾电视公司（台视）人事调整是民进党“绿化”媒体的典型。台视原属省营事业，是台湾原三大无线电视台之一。2000年初，民进党上台后不久，陈水扁不顾社会各界反对，强行任命李登辉女婿、国民党前博新娱乐公司董事长赖国洲出任台湾电视公司董事长，同时陈水扁好友江霞也出任董事，将国民党势力赶出台视，引起舆论一片哗然。

赖国洲是一个颇有争议的人物，而且他不曾经营媒体，因此台视公司员工与外界强烈反对他出任该职。然而，曾经要求党政军退出媒体特别是退出台视、“中视”与华视等三台的陈水扁却将民意置若罔闻，反其道而行之，坚决要让赖国洲出任董事长。陈水扁甚至还表示“要大家给赖国洲一个机会”，于是陈水扁及有关部门积极运作，向掌握该公司大权的公营银行大股东（占股权的53%）下达辅选动员令，要其全力支持赖国洲。在台湾当局的强行操作下，赖国洲终于当上了台视公司董事长，也圆了陈水扁回报李登辉在选举中“弃连保扁”的心愿。同时任命胡元辉出任台视公司总经理，后又换上赖国洲好友、“公平交易委员会”副主任郑优任总经理。

民进党当局这一不顾民意的做法，引起社会各界的强烈质疑与批判，认为这是台湾新领导人的“政治酬佣”与利益交换。“台湾新闻记者协会”发表声明指出，“这个基于利益交换所做的人事安排，对新政府形象造成严重伤害，更将对未来施政立下不良示范。”甚至曾经一直支持民进党的民间团体“澄社”也对此极为不满，在其发表的批判民进党执政当局的“万言书”中指出，“媒体政策换汤不换药，从处理中广、华视、台视的人事案，显示‘扁政府’在人事选任程序上是黑箱作业，背离‘新中间传播政策’，也加深各界对于陈水扁以媒体公器酬佣私人的疑虑”。

中华电视公司属台湾“教育部”与“国防部”所掌管。民进党上台后，先是任命亲绿人士徐璐为副总经理，进而升为总经理。

台湾唯一的一家公共电台视台，创建于1998年，开办经费高达70亿元新台币，由“财团法人公共电视文化事业基金会”负责管理。依规定，公共电视公司董事会董事由“行政院”提名，“立法院”各党派推荐社会公正人士组成审查委员会审查，其中政党担任公共电视公司的董事不能超过四分之一，董事长由董事会选举产生。目前董事长吴丰山，总经理为李永得，均较倾向民进党。吴丰山在民进党执政后参加“两岸跨党派小组”，明显转向绿色阵营。李永得曾任《自立晚报》副社长兼《自立晚报》总编辑。

民进党还掌控了由台湾“侨委会”设立的宏观电视台。1999年，台湾“侨委会”投资成立宏观电视台，2000年3月试播，当局每年提供3.5亿元新台币的预算经费。宏观电视台开播初期，通过公开招标方式，由国民党掌控的：“中国电视公司”取得宏观电视台的制播权。民进党上后，改变政策，不再通过公开招标方式进行，而是运用行政手段，由李登辉女婿担任董事长的台湾电视公司、民间全民电视公司与宏观电视台合作，前者进行节目制播，后者提供新闻，将原通过招标方式建立的合作对象国民党掌控的：“中国电视公司”排除在外。宏观电视台尽管主要担负对海外宣传任务，但民进党执政后，经营方针出现重大调整，立场更趋向本土化，宣传台湾本土意识。吕秀莲在2002年11月宏观卫视开播网络直播仪式上表示，宏观卫视“应与各公共媒体结合，一起努力，为台湾发声”，“以发挥更大的力量与效果，让台湾走向世界，使世界走向台湾”。

在“绿化”公营媒体的同时，民进党还主导成立了一些新的公营媒体，旨在加强政府政策的宣传，以争取选举资源。2003年6月底，民进党当局正式成立客家电视台，而且从招标到开播只有50天的时间，并编列2亿元新台币预算给予支持。客家委员会计划在2004年度的预算中再编列4亿元新台币。从文化发展与支持客家人的角度看，成立客家电视台是一件好事。问题是，早在1994年，客家人就呼吁“广电资源重新分配，要有自立自主的客家电视台”，但不论是国民党，还是民进党，均未能及时落实。

在台湾领导人选举前迅速成立，效率之高，则具有了明确的政治选举意义，陈水扁为争取 400 多万客家人票源的目的显而易见。

经过 3 年多时间的“绿化”与运作，民进党已全面掌控了公营媒体，公营媒体不仅成为陈水扁与民进党的舆论宣传工具，而且成为其选举动员的重要资源。

第五节　用经济手段控制媒体

新闻自由是民进党当年争取民主的重要口号与目标。然而，当政后的民进党，反其道而行之，通过人事布局、经费补助、公开打压、玩弄权术等种种手法，加大对媒体的控制，使台湾媒体生态环境发生重要变化。其中，通过经济手段进行收编、控制媒体，是民进党最常用的手法。

通过银行贷款或信用紧缩控制媒体。台湾媒体竞争激烈，加上近年经济不景气，许多媒体亏损严重，或为了扩张事业，需要大量向银行贷款。然而，不论是公营银行还是民营银行，在很大程度上受制于台湾当局，对媒体的贷款相当谨慎与敏感，没有当局的点头或认可，一般银行是不敢公然贷款给媒体的，特别是不敢贷款给批评民进党的媒体。

为了能得到贷款，许多媒体不得不向民进党靠拢或低头，民进党也通过此一手段收编与控制媒体。目前，在台湾诸多媒体中，向银行借款最多的是东森媒体集团，借贷总额达 110 亿元新台币，其中东森媒体科技公司向中华开发工业银行等借款 80 亿元新台币，东森华荣传播公司向第一银行等贷款 30 亿元新台币。东森媒体集团能借到如此庞大的贷款，与王又曾、王令麟父子积极向陈水扁当局靠拢密切相关。王氏父子是陈水扁出访台湾“邦交国”的主要企业界代表；在陈水扁及民进党要员出现的诸多重大公开活动场所，王氏父子都积极表现，全力配合与支持，从而与民进党建立起新的政商关系。2003 年 9 月，东森美洲卫星台开播，陈水扁还亲自在平面媒体与电视上登广告宣传，东森媒体集团与陈水扁的关系可以说达到了相当深的程度。这也是东森媒体集团总裁王令麟有案在身却能借到大笔贷款的原因所在。

“中国时报集团”本是反对“台独”、认同一个中国的媒体集团，更是以前国民党政权的有力支持者。但由于事业发展与经济不景气，集团财务压力增大，为求生存与发展，为能顺利借到款，也积极向陈水扁当局靠拢，对陈水扁多以正面与肯定形式报道。目前，“中国时报集团”总计向以台湾第一银行为首的银行联合贷款达 50 亿元新台币。同时，“中国时报集团”收购中天电视台后，财务压力增大，又被迫追加贷款。民进党当局更以此为要挟，对“中国时报集团”施压，迫其调整报道立场。

“中国时报集团”收购中天电视台后，曾通过幕后运作，在民进党上层同意下，向公营银行申请 20 多亿元新台币的贷款，但却一度不能兑现与延误，严重影响公司的财务运作，因此“最近中时高层全力向扁政府示好，《中国时报》诸多报道和新闻处理，也一再对阿扁释出善意，扁幕僚因而已在台面下低调帮忙协调，预料该贷款案败部复活的可能性极大。但此举能否促成中时报系摆脱意识形态框架，绿营高层人士认为仍然充满变数”①。从“绿色”媒体的这一报道显示，民进党通过银行贷款掐住了许多媒体生存的咽喉，迫使一些媒体不得不妥协与让步。

通过政府资源的分配控制媒体。媒体作为一个企业，其收入

① 台湾《新台湾周刊》，2003 年 8 月，第 387 期。

来源是多方面的，除了广告与发行收入外，能否获得官方委托宣传或委办事项也是重要来源之一。于是台湾当局通过每年 40 亿元新台币的广告及媒体宣传预算经费的采购或委办事项操控媒体。据统计，2001 年 1 月到 2002 年 5 月一年多时间里，台湾"行政院新闻局"委托的此类案件经费，"绿色"媒体或倾向民进党的媒体获得大量经费来源，中立或批评民进党的媒体却被排除在外。在平面媒体中，《台湾日报》获得的案件金额达 165 万元新台币，《中国时报》获得 118 万元新台币，《民众日报》获得 113 万元新台币，《工商时报》获得 99 万元新台币，《TAIWAN NEWS》获得 95 万元新台币，《自由时报》获得 55 万元新台币；《台湾新闻报》获得 22 万元新台币①。在这些媒体中，除《中国时报》与《工商时报》属"中国时报集团"外，其余均是"绿色"媒体，在新闻言论上，或多或少的都较倾向新政府，支持民进党甚至"台独"。其中发行量不大的中部地区性报刊《台湾日报》获得的委托金额最多。台湾三大平面媒体之一、被当局归为"统派媒体"的《联合报》竟然未获得任何委托案件。"中国时报集团"之所以能获得不少的委托经费，如前所述，"中国时报集团"虽坚持一个中国立场，但在报道上对陈水扁多有肯定与支持，较少批判。陈水扁也积极争取发展与"中国时报集团"的政商关系，曾多次探望前董事长余纪忠，而且有意制造其与竞争对手《联合报》的矛盾。

在电子媒体方面，公营的台湾电视公司获得 3500 万元新台币的"政令宣传费"，民进党"立法委员"蔡同荣掌控的民间全民电视公司获得"政令宣传"节目制作金额也达 1500 万元新台

① 台湾《新新闻周刊》，2002 年 9 月，第 808 期。

币，而国民党主导的“中国电视公司”仅获得 31 万元新台币，相差甚远。在 2002 年台湾“行政院新闻局”委托制作费排名中，台视与民视获得的制作经费也分别高居第 1 与第 2 位。这种“政府”经费分配中的“蓝绿”、“统独”差别之大，可见一斑。表面上“行政院新闻局”声称资源分配是通过公开招标进行的，但实际上是 100 万元新台币以下的则不用公开招标，于是便可将大案分解成小于 100 万元新台币小案的办法提供给特定媒体，因而支持民进党的“绿色”媒体得以独享资源。

通过“政府”部门的宣传经费发包给媒体，为自己进行广告宣传。2003 年初，台湾“行政院新闻局”推出 11 亿元新台币的所谓“媒体通路组合案”进行招标。即各电子媒体和平面媒体相结合，以不同的组合方式向当局争取广告预算，同时将当局的政策宣传融入到新闻、娱乐、谈话节目之中，即所谓的“媒体直入性行销”。然而这一做法却引起极大争议，问题的关键就在于缺乏公平性及独厚“绿色”媒体。在招标中，民进党掌控的民间全民电视公司取得第一名，其合作的平面媒体则包括了支持民进党与“台独”的《台湾日报》、《新台湾周刊》等媒体。原来，“招标委员会”成员大多与民进党关系密切，多属亲泛绿阵营，自然泛绿媒体抢得先机。其可疑之处还在于，台湾“行政院新闻局”未公开采购决策过程与会议记录，也未依规定报送“立法院”审议，黑箱作业严重。2003 年 7 月，台湾“行政院新闻局”再度推出 10 个部委及公营事业 2.2 亿元新台币的“媒体通路组合”的广告预算，结果又由东森、八大、民视、台视与年代等泛绿电视台负责执行推动。

民进党在新闻媒体竞争激烈、经营困难之际，通过权力与广告的结合来控制媒体。特别是民进党当局按插亲绿人士出任媒体或相关监督机构要职，作为陈水扁控制媒体的帮手。民进党还以官方或亲官方的银行收紧银根或“绿色”企业拒绝刊登广告的威胁手段，向媒体施压。

媒体生存与发展对广告的依赖程度很高。据研究，各种媒体对广告的依赖程度不一，一般而言，杂志的依赖度为50%，报纸为75%，广播与电视几乎为100%[①]，可见广告收入成为媒体发展的生命线，因此政党与企业便可通过提供或撤销广告的办法控制媒体。李登辉执政时，为打压《联合报》，亲李的长荣集团与义美集团旗下公司广告从不在《联合报》刊登。1995年，李登辉发起对《联合报》的退报行动时，统一等六家大企业终止与《联合报》的广告续约。民进党执政后，由长期支持陈水扁与民进党的义美集团等成立“台湾广告主协会”，计有30多家企业加入。该广告协会控制的广告量约占台湾广告总量的十分之一。其主要目的是配合民进党当局监督、控制企业在特定媒体刊登或拒登广告，要求各财团或企业的广告资金集中投放，以控制媒体与协助本土媒体发展。

另一方面，民进党当局通过大型公营企业的广告支持颂扬陈水扁或宣传“台独”的媒体。台湾主要公营企业如中华电信公司、台电公司、台盐公司、第一银行等不在发行量大的媒体与刊物上刊登广告，而选择独派媒体大登广告，以示支持。如中华电信公司在《新台湾周刊》的广告量由民进党上台前的零增为上台3个月后的36页广告，在发行量不大的《台湾日报》的广告量超过《中国时报》。这是民进党用经济手段影响媒体的最有效方式之一。

---

① 刘华蓉：《大众传媒与政治》，北京大学出版社，2001年版。

特别是，为了即将展开的台湾领导人选举，陈水扁将新闻自由抛到脑后，也顾不了外界的批评，公然运用手中的权力在13家电视台的新闻频道每天整点播出“阿扁传真”，推销自己，每周占用时间近500分钟。“阿扁传真”成为公器私用、利用媒体进行选举活动的最典型事例。

第六节　运用权力打压媒体

民进党执政后，对媒体的态度发生了重要变化，十分惧怕媒体，不满媒体对其执政的批评，因此试图控制媒体，希望媒体多一些正面报道，少一些负面批评。为此，民进党不惜牺牲自己的“民主”形象，以种种理由数度搜索媒体总部、查扣刊物，控告记者，使台湾新闻自由空间被压缩，民主政治大倒退，从而引起岛内各界的强烈批判与不满，甚至引起国际社会的关切。

在台湾这个所谓的“政治民主”与“新闻自由”的社会中，其实并没有真正的新闻自由，而是受到政治力的强烈干预与控制。坚持“台独”或亲绿媒体，会得到民进党当局的多方支持或照顾；而坚持一个中国理念或反对“台独”、批评时政的媒体就成为独派与民进党的眼中钉，进行打压。

在台湾媒体生态中，《联合报》应当说是一个具有大中国意识、敢于反对“台独”、公正直言的媒体。然而《联合报》却成为独派人士与民进党的眼中钉，不断受到压制。李登辉当即年不满《联合报》对他的批评，公开声称他从不看《联合报》，甚至还发起退报行动。退休后的李登辉甚至发出执政12年最大的遗憾就是没有进行媒体改革，让“统派媒体”仍占居舆论阵地。“台独”刊物《新台湾周刊》经常发表文章，指责批判《联合报》

等所谓的“统派媒体”。在民进党当局向媒体委托的有关经费支出上，有台湾三大平面媒体之一的《联合报》一分钱也得不到。2003 年，谢长廷不满《联合报》发表一篇批评台湾司法不公的社论，控告《联合报》，还要索赔 10 亿元新台币，欲将《联合报》置之于死地。不过，台湾司法还有一点正义感，宣判谢长廷败诉。

民进党前妇女会主委陈文茜离开民进党后，经常在媒体上发表言论，批评时政甚至多次公开批评陈水扁，对民进党具有很大的杀伤力。于是陈水扁的亲信“立法委员”林重谟甚感不满，在“立法院”公开辱骂陈文茜，民进党人还为其辩护。陈文茜在卫视中文台的“文茜小妹大”谈话节目收视率相当不错，而且在电视台表示续约后，却突然停播，显然幕后有政治黑手在操纵。若将陈文茜一贯批判陈水扁的言论与民进党的不满相联系，民进党就是幕后黑手。为打压批评当局的媒体，台湾“行政院新闻局”在官方网站“电视妙管家”中，进行电视节目“烂苹果排行榜”，结果批评时政、收视率高、民众评价好的节目反而常常被列入，其中“文茜小妹大”长期名列第一，显然民进党为打压陈文茜的节目，早有预谋，是精心策划的。

民进党还通过培养媒体打手，攻击对方。一位身兼华视公司与广播电视基金会董事的专栏专家，是一个典型的民进党媒体打手，出任专门攻击在野人士的“台视火线聊天室制作人”，其批评与漫骂程度，甚至达到人身攻击的地步。

陈水扁被称为“媒体的宠儿”，但上台执政后，陈水扁却不满媒体对他的批评，不断指责媒体，甚至要控告媒体。他在一次内部会议中表示，“执政三年多来，统派媒体以庞大的阵容夜以继日修理他，电子媒体更是来势汹汹，扣应节目不但天天骂，白天晚上骂，周休日也继续骂，大众媒体这种病态模式操作，等于变相将首次政党轮替的民主喜悦核心价值踩在脚底下，让台湾错失了社会文化向上提升的机会”①。

为打压所谓的“统派媒体”或批评时政的媒体，台湾当局高层不仅污蔑媒体，称媒体是“乱源”，而且屡屡控制媒体。两年前，吕秀莲因陈水扁的“绯闻案”而控告台湾《新新闻周刊》杂志，成为一场引起海内外关注的媒体官司。尽管在政治力介入下，吕秀莲赢了官司，但却输了对媒体施压的暴政形象。

2002年12月4日，《中国时报》头版引述不具名的“可靠”消息指出，“新瑞都案”的大股东苏惠珍于1994年底开具“谢长廷”抬头的450万元支票，最后通过转手成为陈水扁竞选台北市长的政治献金。此消息一出，陈水扁怒气冲天，通过“总统府”秘书长陈师孟在第一时间召开记者会，批评《中国时报》沦为选举工具，严重介入政治，决定提出加重诽谤起诉，开创了台湾领导人控告媒体的先例。第二天，在强大的政治压力下，《中国时报》在头版刊登道歉启示，以平息这场可能让《中国时报》陷入经营困境的风波。加上，谢长廷控告《联合报》案，民进党上台仅3年多时间，先后有陈水扁、吕秀莲与谢长廷3位党政高层人士控告媒体，充分显示了民进党对媒体的惧怕心态，企图利用权力迫使媒体低头，不让其报道不利当局的言论。

民进党当局管控媒体的手段不断推陈出新，通过建立组织与“新闻评监”进行所谓的“监督”与限制新闻媒体。2002年，民进党当局主导成立“新闻公害防治基金会”。这个基金会主要由企业、团体与个人捐助，总经费达1000多万元新台币。基金会

① 台湾《新台湾周刊》，2003年8月，第387期。

成员几乎全是亲民进党的成员。董事长为国际通商法律事务所主持律师陈玲玉（2002 年曾担任陈水扁的辩护律师），执行长为与陈水扁当局关系良好的“广电基金会”董事长与资深新闻工作者卢世祥，董事包括万国法律事务所律师黄柏夫、嘉信联合会议师事务会计师陈庆堃、律师尤英夫、中央通讯社副社长李万来、台湾大学经济系教授吴忠吉、政大新闻系副教授林元辉与番薯藤数位科技公司执行长陈正然（陈水扁昔日幕僚）等。这个组织有三大功能：一是了解新闻媒体；二是监看新闻媒体，不定期提出观察报告，举办研讨会；三是控告新闻媒体，即接受民众申诉，为新闻受害人提供法律帮助①。

民进党通过这一具官方背景的组织染指了民间媒体监督机构。于是，台湾新闻主管部门以 95 万元新台币的预算经费委托“新闻公害防治基金会”，对新闻媒体进行所谓的“评鉴”。特别是，民进党以改过去有关部门对媒体色情与暴力等内容的评鉴，而是扩大到对政治、财经等诸多领域的评鉴，实际是一种“政治监控”。其中，对电子媒体采取“记点”方式进行评鉴，即依其所谓“违规次数”累计点数作为电子媒体营运、撤销执照的参考；其中确定对《联合报》、《中国时报》、《自由时报》、《台湾日报》、《联合晚报》、《中时晚报》等 6 家平面媒体一至四版的“要闻版”进行评鉴，评监的指标则为消息来源、新闻查证、平衡报道、公共利益、新闻价值等，每 2 个月公布一次评鉴结果。另外，该基金会还有意与由“绿色”势力掌控的“台湾广告主协会”等团体进行合作监督，加强对媒体的控制。

民进党这种粗暴的做法，不仅是严重管制、干涉新闻自由，

① 台湾《新台湾周刊》，2003 年 7 月，第 380 期。

而且带有浓厚的“政治威胁”意味，被认为是一种新形势下的“法西斯统治”做法。因此，此消息一出，引起岛内各界强烈的不满与批评，在野党批评此举是扁“政府”钳制媒体的新招，是“绿色恐怖”。“台湾新闻记者协会”发表声明指出，不接受政府部门委托进行类似的新闻评鉴工作。更有台湾舆论指出，“民进党执政以来，总统陈水扁、副总统吕秀莲动辄控告媒体，相关官员对记者采取政党区隔、消息诱导等手段，以及幕后金主以金钱、广告来制约、影响媒体采访方向，致使媒体及记者的工作环境遭到前所未有的挤压、限制”。面对来自外界的强大压力与批评，可能对陈水扁的选举造成负面影响，民进党高层不得不紧急叫停这一“新闻评鉴”政策，同时更换“新闻局长”叶国兴，再次暴露了民进党施政之粗暴、手段之恶劣。

更让人担忧的是，民进党执政后，对部分媒体采取打压、威胁等手段，形成新的“绿色恐怖”。民进党上3年多时间，接连发生司法部门搜查媒体及起诉媒体工作者的事件。2000年7月，台湾《劲报》报道了台湾军方不愿透露的“汉光十六号”军事学习消息而被搜查；2002年10月，《劲报》记者洪哲政以“违反妨害军机罪”被起诉。2000年9月，《中时晚报》报道了“国安局”出纳组组长刘冠军涉嫌挪用公款的军方内部调查情况而被搜查。尤其是2002年初，台湾《壹周刊》报道了台湾“国安局”人员刘冠军携带内部文件出逃事件以及揭露李登辉利用“国安局”秘密资金内幕，引起社会的极大震动。民进党当局对此报道极为不满，台湾高检署派人搜查了《壹周刊》杂志社和记者谢忠良的居所，这是民进党当局上台后第三次公开搜查媒体的案件。另外，民进党执政后，被司法部门以“泄密”等为由而立案侦察的媒体还有《联合报》、《独家报道》、《明日报》（网站）与《中国时报》等。

民进党屡屡搜查与打压媒体的行动，不断受到岛内社会各界的批评。国际社会也多次对此表示了关注，要求台湾当局保证新闻自由。台湾媒体工作者对民进党政治介入媒体问题进行了深刻评判与分析。台湾《新新闻周刊》总主笔王杏庆撰文指出："过去几年里，乃是台湾政治权力巨变的时刻，收编、恐吓以及非法化媒体，通常是权力极大化的过程之一。过去几年里，台湾的政治当权者与媒体间的冲撞率极为频繁。有太多次，当权者自己由于权力的傲慢而胡言乱语，在被媒体报道后即公然说谎地否认曾公开说过的话，并借此宣称媒体造谣、制造新闻、不可靠云云。政府部门为了建造出合乎自己需要的媒体秩序，以各种各样的方式，或者打压或者软性方法来非法化媒体，但对于合乎自己需要的，即使在新闻道德及手段上更卑劣的媒体，也加以变相鼓励"①。

民进党当局还不断对其压制新闻自由进行辩护。台湾"司法部长"陈定南面对舆论的批评，不是自我检讨，而是抱怨，公开表示，"新闻自由不能被滥用，并演变成新闻独裁"，"媒体不能以新闻自由作为借口去触犯法律，或去违法侵犯一般人的合法权利"②。可见，民进党对媒体的压制与操控行为缺乏自省能力，从而严重影响台湾媒体的正常发展以及与政党、政治的正常互动关系。

第七节　媒体改革背后的政治利益

民进党高举民主与新闻自由的旗帜，长期推动媒体改革，也

① 台湾《新新闻周刊》，第809期。
② 台湾"中央社"，2002年3月28日电。

因此获得许多媒体工作者与民众的支持。在上届台湾领导人选举中，陈水扁是多位候选人中唯一提出《传播媒体白皮书》的候选人。陈水扁在此白皮书中批评台湾媒体生态在政治与政党的威权控制下走过数十年，乱像丛生，为此提出“创造三赢的新中间传播政策”，提出要防止媒体财团化、垄断化、党政军退出媒体与媒体公共化等政策理念。不过，民进党上台后，媒体改革成为加强控制媒体的口号与工具，媒体改革方向大转变，改革停滞不前。

党政军退出媒体是陈水扁与民进党一直努力争取的目标。陈水扁当政后，尽管也不断表示推动政党军退出媒体改革，但却迟迟不见行动，反而加紧“绿化”媒体，甚至利用执政优势加强对媒体的控制，因而引起外界的强烈不满，甚至一些当年为陈水扁竞选操笔或支持的媒体人公开退出媒体监督机构，以示抗议。这一局面的出现，显然不利陈水扁的连任之路，陈水扁不得不于2003年年初终于表示推动政党军退出媒体的改革工作。台湾“新闻局”在提出“广播电视法”的修正案中，明定“政府”、政党及其他捐助成立的财团法人，不得直接、间接投资或通过委托、信托方式来直接或间接投资广播电视事业，要求公职人员退出媒体的经营。陈水扁也要求民进党党职与公职人员在2003年9月5日之前退出媒体经营。

然而，这一改革涉及多方利益，尤其是绿色阵营内部意见不一致，因而进展并不顺利。更具讽刺意味的是，尽管多位政治人物纷纷表示辞去在媒体的兼职，但民进党的“立法委员”蔡同荣却表示反对，不愿辞去民间全民电视公司董事长一职，甚至还获得李登辉与本土“台独”势力代表彭明敏、李鸿喜与吴澧培等人的支持，认为陈水扁禁止党公职经营媒体，会对自己不利，让党政军退出媒体改革未切中改革核心。不过，出于对陈水扁选举连任考虑，蔡同荣终于在陈水扁宣布的期限前夕辞去民间全民电视公司董事长一职，其他许多政治人物也先后辞去在媒体机构的任职，不再直接参与媒体的经营。但这些政治人物仍幕后操控媒体，其继任者均为这些政治人物的亲信与支持者。

陈水扁此时推动党政军及公职人员退出媒体经营还有更深层的考虑。一则是这样做可以赢得一直争取新闻自由人士与要求媒体改革者的支持，有利选举。二则是政党退出媒体，泛蓝阵营损失要比民进党损失大，可将泛蓝政治势力排除在媒体之外，而且并不影响民进党当局对公营媒体甚至民营媒体的实质控制，利大于弊。三则是通过这一做法改变台湾媒体的政治生态，将台湾媒体完全“本土化”。

然而，民进党上台后，对于台湾电视公司与中华电视公司这两家公营媒体是采取“民营化”还是“公共化”政策，一直摇摆不定。陈水扁在 2000 年选举时提出通过出售公有股票的方式将公营媒体民营化，即转化成为民营电视台。陈水扁上台后，除了将公营媒体换上亲绿人士经营外，没有推动这两家公营电视台的民营化工作，因此引起民间的不满。为缓和民间压力与延缓改革，民进党当局提出“台视民营化，华视公共化”的政策主张。2001 年 12 月，陈水扁主持“府、院、党九人决策小组”会议，讨论“新闻局”提出的“如何推动台视与华视公共化报告”。陈水扁在会上表示，社会各界对这一问题的看法仍然分歧，要求官方出资购买所有民间股份，存在着民间股份收购不易的问题，而且当局财政预算窘困；要求百分之百释出官方股份推动民营化，可能造成股价下跌，而且存在着财团化、垄断化疑虑，“行政院”提出先建立媒体“策略联盟”，再公共化不失为一种方向。陈水扁的这一表态，充分体现了其对公营媒体改革的顾虑与犹豫不决。2002 年 5 月，台湾“行政院”改组后，叶国兴取代苏正平任“新闻局长”，公营媒体公共化政策又出现大转变。叶国兴主张公营媒体“商业化（民营化），甚至可以让外资购买”，后又提出赞成华视与台视“一公（共化）一民（营化）”主张。2003 年 7 月，黄辉珍取代叶国兴出任“新闻局长”后，则提出“华视民营化，台视公共化”政策，再度引起争议，各政党仍有不同主张与看法。民进党在两家公营电视媒体政策上的左右摇摆不定，是有着重要的利益考虑，实质上是不愿意尽快推动改革，不愿意在选举前放弃对媒体的控制权，而且还希望为选举服务。国民党民意代表则支持修改“广播电视法”，赞成党政军不得经营媒体，但反对台视、华视公共化，认为民进党执政后，公营媒体被“绿化”，因此台视或华视的“公共化”只是民进党当局公权力介入媒体的另一种方式，因此建议仿效美国成立专门的“国家传播委员会”，来监督媒体并解决政治与媒体的关系分际问题。

目前台湾媒体改革及两家公营电视台的改革方向还没有最后定案，各政党与政治势力仍会持续争议下去。但不论如何改革，政治势力与财团对媒体的介入不会弱化，还会继续加强，媒体在台湾社会与政治斗争中的作用也会越来越重要，媒体的政治立场与支持倾向也会越来越明显。一个全新的台湾媒体生态与结构正在形成。

后　记

民进党政商关系是一个新的课题，也是一个较为敏感的问题，目前海峡两岸学界尚未有全面深入的分析与探讨。本书只是一个初步的尝试，试图对民进党的政商关系进行一番初步的观察与评判，还谈不上更深入的研究。希望本书的出版，能为进一步研究民进党的政商关系、台湾的金权政治与社会结构的学者提供参考。作者也愿在此基础上，继续观察、研究，深化这一课题。

台湾岛内政商关系的建立与利益交换，不论是政党还是企业，多采取幕后运作模式，较少公开进行，因此外界很难了解其幕后交易内情，我们只能根据媒体的公开报道、政商勾结弊案以及企业与政党的公开互动关系等资料或信息，从侧面了解与观察民进党的政商关系及其动向。

书中所述内容及所涉企业、人物、事件等均有据可查。不过，由于台湾正处于政治权力不断转换的大变动时代，政商关系复杂，不断有新的情况出现，加上多种因素的考虑与限制，对民进党政商关系的观察与分析并不容易准确拿捏，因此书中不免有不妥或谬误之处，祈请读者批评指正。

作　者

2003 年 11 月于北京海淀坡上村